W0077860

Barbara Weitzel
Immer schön langsam

Barbara Weitzel

Immer schön langsam
Unterwegs in der Stadt

Mit einem Vorwort von Ilma Rakusa

Stadtteilbibliothek
„Heinrich von Kleist"
Havemannstr. [...]
[...] 12689 [...] Berlin
Tel [...] 9339380
MAKULIERT!
Ausgesondert aus den Beständen der Stadtbibliothek Marzahn-[...]

Quintus

Die Texte dieses Bandes entstanden in den Jahren 2017 bis 2021.

1. Auflage 2022
© Quintus-Verlag
Binzstraße 19, 13189 Berlin
www.quintus-verlag.de

Umschlagmotiv: Kornelius Wilkens, Berlin,
www.kornelius-wilkens.de
Umschlaggestaltung: Oda Ruthe, Braunschweig
Satz und Gestaltung: Ralph Gabriel, Berlin
Druck und Bindung: Finidr, s.r.o., Český Těšín

ISBN 978-3-96982-043-8

Inhalt

Hingesehen, hingehört

Was uns verbindet

In neuer Zeit

Und dann?

Wolken, Gesichter, Minutenglücke
Vorwort von Ilma Rakusa

Noch ein Buch über Berlin, als ob es nicht schon genug gäbe. Doch dieses ist ein besonderes. Seine Kennzeichen: Genauigkeit und Zärtlichkeit. Ja, Barbara Weitzel behandelt die Stadt, als ob es um einen Körper ginge: einen Körper mit Altersflecken und Wunden, aber auch mit einem Überschuss an Hormonen, einen ewig pulsierenden Körper, der es nur dank dreier Herzen geschafft hat, die Infarkte der Geschichte zu überleben.

Dieser Körper will ertastet werden: durch Blicke, Berührungen, Bewegungen. Durch Gedanken, die sich da und dort in sein Inneres vorwagen. Denn dieser riesige Organismus lockt immer aufs Neue: ein Körper aus unzähligen Bauten, Straßen, Plätzen, aus Hunderttausenden von Menschen und Schicksalen – und jedes einzelne ist einmalig. Barbara Weitzel lässt sich von großen Gesten nicht verführen, sie hält sich ans Kleine und Spezifische – an diese Ecke, jenes Café, und mag es ein gewöhnliches Bäckerei-Café sein. Freilich wird es durch ihren behutsamen Blick plötzlich interessant, ja liebenswert: Plastikblumen, dünner Kaffee, Blechkuchen für 2,30 Euro, ein Ort, an dem man anonym bei sich bleiben kann.

Was heißt schon unscheinbar, wenn man genau hinschaut. Genauigkeit aber muss sein. Mit diesem Sensorium ist Barbara Weitzel wunderbar ausgestattet, es ist ihre Wünschelrute: Sie beobachtet und zaubert handkehrum Gesichter und Geschichten hervor. Wie beiläufig, man sieht ihr keine Anstrengung an. Eine Berührung, eine Geste – und da ist sie, die lange, lange Straße, und da ist das Kind, das beim Gehen die Frage stellt, wie viele Sekunden ein Jahr habe. Beginnt eine umständliche Rechnerei, die eine sagenhafte Zahl ergibt: 31 536 000. Und die kleine Alltagsepisode bekommt einen fast kosmischen Touch.

Nichts ist unwichtig, das gehört zu Barbara Weitzels Maximen. Als ob das Großstadtlaboratorium nicht dazu verleitete, Abstand zu nehmen, seinen Überforderungen auszuweichen, vor seinem Chaos die Augen zu verschließen. Aber nein. Hier stellt sich jemand tapfer und mitfühlend dem Konkreten: der schlafenden Frau auf der Brunnenbank, der stillenden Mutter im Park, dem leidenschaftlich küssenden Paar, dem struppigen Obdachlosen am U-Bahn-Ausgang. Szenen, die in keinem Reiseführer stehen, weil sie aus Leben gemacht sind. Dazu passt Barbara Weitzels Bemerkung über einen Bettler: „Für jede Münze, die er bekommt, legt er eine galante Verbeugung hin, und ich denke, dass eine Stunde auf so einer Bank mehr Berlin ist als alle Erlebnismuseen und Malls zusammen."

Das gilt auch für *Immer schön langsam. Unterwegs in der Stadt.* Ein augenöffnendes Buch. Das im Benjamin'schen Sinne Empathie und Emphase verbindet. Und die Elenden, Einsamen und Erniedrigten ebenso in den Blick nimmt wie den Himmel über Berlin und die „Minutenglücke" seiner Bewohner. Auf solche glückhaften Momente versteht sich Barbara Weitzel wie kaum jemand sonst: wenn sie über das Licht im Flur schreibt und aus einem erhaschten Bild eine kleine Philosophie der Geborgenheit entwickelt; oder wenn sie die Stille vor dem Konzert und nach dem Applaus beschreibt, als Erfahrung einer anderen Zeitlichkeit.

Aus vielen Einzelbeobachtungen, die sich manchmal assoziativ und reflexiv ausfächern, entsteht ein buntes

Kaleidoskop, das mehr ist als nur ein Berlin-Porträt. Es enthüllt auch die Konturen der Autorin, ihrer weltoffenen Subjektivität, ihrer sozialen und ästhetischen Sensibilität – und ihrer sprachlichen Kunst. Fein, poetisch, beweglich ist diese Sprache, wo nötig auch dezidiert: „Der Kapitalismus muss sich was Neues ausdenken." Jedenfalls kann man Barbara Weitzel für ihr überraschungsreiches Buch nur danken, mit einem staunend-anerkennenden: Oh!

Farbe: Stadt

770 Jahre Leben

Handel, Verkehr, das Rein und Raus der Menschen und Waren, so las ich kürzlich in Jens Biskys Buch über Berlin, all das sei der „Stoffwechsel der Stadt". Daran muss ich immer wieder denken, wenn ich sie durchfahre, durchlaufe, spüre. Mir gefällt die Vorstellung von der Stadt als Körper, samt Kreislauf, Blutdruck und hormonellen Verwirrungen. Als Körper, der erblüht, wenn man ihn pflegt, und verkümmert, wenn man ihn vernachlässigt. Ein Körper, der zuckt, bebt, zittert, zaudert, der schwitzt und friert, hungert und stinkt. Ein Körper, der sich räkelnd anbietet an schwülen Sommerabenden, sich duckt unter Wettern, sich zusammenrollt in Frost und Dunkelheit. Oder, genau besehen: der sich nachts ausruhen müsste vom Gewese des Tages und doch kaum dazu kommt. Zu verführerisch blinken und singen die Nächte nicht nur im Juni, sodass er allzu oft nach kurzem Schlaf zerzaust, aber mit einem seligen Grinsen im verschmierten Gesicht erwacht. Und trotzdem aufsteht, denn, ja, dieser Körper trägt zur Sommersonnenwende sein schönstes Kleid, tut aber auch in Lumpen seinen Dienst. Pumpt Tag und Nacht Blut bis in die äußersten Glieder, dorthin, wo die dicken Bahnen zu feinen Linien werden.

Es ist ein über und über tätowierter Körper, denke ich, als ich an einem haushohen Graffito vorbeifahre, mit dem Bus auf einer der vierspurigen Hauptschlagadern. Ein gezeichneter, umwickelter Körper, überall Stromleitungen, Gedenksteine, Markierungen, und doch ist er so beweglich, atmet gut dank Tiergarten und der anderen Lungen. Die Frage nach dem Sitz seines Herzens ist nicht leicht zu beantworten. Viele Stellen fühlen sich an wie das Zentrum dieses pausenlosen Werdens, Verschüttgehens und Neuentstehens. Sie hat wohl mehrere Herzen, diese Stadt, und konnte so die Infarkte ihrer Geschichte überleben.

Wie oft dieser Körper schon daniederlag in kaum mehr hörbarem Röcheln und wieder aufstand, stärker als zuvor. Auch daran wurde ich lesend erinnert und muss auf der Busfahrt daran denken, Wilhelminisches passierend, Nazibeton, sozialistischen Trutz und die Glasfassaden unserer scheinbar durchschaubaren Gegenwart. Vielfach verwundet und vernarbt zeigt sich die Stadt. Nicht ohne Stolz, doch auch schuldbewusst, fügte sie sich – und der Welt – doch so viele Wunden zu. An manchen Stellen ist die junge Haut ganz dünn, an anderen weiß man von den darunterliegenden Schnitten und Schusslöchern nur noch aus Büchern. Und staunt über ihr Alter.

Die über 770 Jahre sieht man dem Körper nur an wenigen Stellen an, doch gehören die Altersflecken zu seinen schönsten. Dort, wo er gleichgeschminkt mit anderen Städten, auf jung getrimmt ist, wird er austauschbar. Denke ich mit liebevoller Nachsicht. Denn der Blick auf die Stadt wird zärtlich, wenn man sie als Körper begreift. Steckt man doch selbst in einem, weiß um seine Schwäche, aber auch um die Kraft, mit der er meistert, was das Leben ihm abfordert. In Berlin wimmeln 3,7 Millionen Leben, und es werden immer mehr. Mit Wachstumsschmerzen ist zu rechnen.

Ach, Alex

Manchmal muss man die Schönheit suchen. Am Alexanderplatz, wo der Mensch zwischen Beton, Glas, wieder Beton und den schrillen Schriftzügen der Ladenketten auf die Größe einer Taube schrumpelt, wohnt sie am Brunnen und unter der Weltzeituhr. Die Ladenketten haben den Platz im Griff, ich denke das Wort „Kettenkolonialismus", als ich wieder einmal feststelle, dass dieser Platz eigentlich ein Anti-Platz ist. Weil man fast nirgends sitzen kann oder einfach so stehen. Das verbindet ihn mit modernen Bahnhöfen.

Am Brunnen aber kann man sitzen und viele tun es. Sie bilden ein Kreis der Muße zwischen dem Taubengeschwirr und -gepicke und dem Leutegewirr rundherum. Das Ausruhen und Herumlungern auf den Treppenstufen vor den Geschäften zählt nicht als Verweilen, denn die großen Tüten voll mit Schnipp und Schnäppchen erzählen von Rastlosigkeit und Raffen. Die Menschen verschwinden dahinter.

Weil es kaum Cafés gibt am Alex, verabreden sich viele an der Weltzeituhr. Da muss man zwar stehend warten, aber es fühlt sich gar nicht wie Warten an. Anderswo ist es ja noch sehr früh. Das beweist ein einziger Blick nach oben. Und dass es auch hier, zwischen all dem Glas und Grau, Farben gibt. Der Regenbogenzahlenstreifen öffnet augenblicklich die Augen für alles andere Bunte. Die Tiere und Pflanzen auf dem Brunnenfries. Das Megablau des Himmels, zumindest an diesem Nachmittag. Wind und Wolken können ihm nichts antun, eher betonen sie es.

Überhaupt, der Himmel. Er macht viel wett an Plätzen, deren Schönheit sich versteckt, verdeckt wurde, zubetoniert und beschriftet vom Wahnsinn der Dinge, die wir viel weniger brauchen als Himmel und Schönheit. Überdeutlich wird das, wenn man das sonnenbrandfarbene Einkaufszentrum ein Stück entfernt vom Platz betritt, Alexa heißt es, als sei es die Zwillingsschwester. Dabei besteht die einzige Ähnlichkeit darin, dass auch dort die Kettenläden herrschen. Sitzplätze gibt es satt, dafür aber keine Luft und kein Licht. Nur Strahler, Leuchten und Geblinke, von links und rechts und dort, wo sonst der Himmel ist. Überall riecht es nach Parfum. All das zusammengenommen erklärt, warum die Menschen irgendwie fertig aussehen, wenn sie das Gebäude verlassen. Abgekämpft.

Eine Runde durch Alex' Nachbarin reicht, um den Platz küssen zu wollen für seine Weite. Für die Helligkeit, deren Farbe sich gerade ändert, weil sich eine Wolke sehr gemächlich an der Sonne vorbeischiebt. Für das Klingeln der Tram, die einen über das Gleis schlurfenden Kopfhörer mit Teenager darunter auf sich aufmerksam macht. Für die Tauben, die das Klingeln auch hören und davontippeln, die eine in Richtung Weltzeituhr, die andere Richtung Brunnen.

Ein Windstoß rupft an einer Damensonnenmütze. Die Besitzerin hält sie fest und ich denke: Wenn die Frau ein Mann wäre und die Mütze ein Hut, wäre das ein richtiger Döblin-Moment. Wegen Döblin bin ich das allererste Mal hierhergekommen. Ach, Alex.

Man muss lustig sein – Ach, Alex II

„Ruller ruller fahren die Elektrischen, Gelbe mit Anhängern, über den holzbelegten Alexanderplatz […]." Die Elektrischen. So heißen die Straßenbahnen in Alfred Döblins Buch über den Transportarbeiter Franz Biberkopf, der nach der Haft anständig sein will. Titelgeber des Buches ist aber nicht Franz Biberkopf, sondern der Platz, an dem er am Ende steht, und zwar „sehr verändert, ramponiert, aber doch zurechtgebogen". Ein konsequenter Titel, agiert doch der Alex und mit ihm die ganze Stadt, als eigentlicher Hauptakteur im Roman. Ständig in Veränderung, immer ramponiert, gebogen, gebrochen, geflickt und auf ein Neues. Daran hat sich nichts geändert, nur dass, wenn der Alex heute von Holz überdeckt ist, irgendein Markt stattfindet.

An Döblin, Franz Biberkopf und die rullernden Elektrischen muss ich immer denken, wenn ich über den Alex laufe. Oder mal wieder über den Alex nachdenke. Wie jetzt, angesichts der fast davonfliegenden Damensonnenmütze. Bei Döblin heißt es: „Wind gibt es massenhaft am Alex, an der Ecke von Tietz zieht es lausig. Es gibt Wind, der pustet zwischen die Häuser rein und auf die Baugruben. Man möchte sich in die Kneipen verstecken, aber wer kann das, das bläst durch die Hosentaschen, da merkst du, es geht was vor, es wird nicht gefackelt, man muss lustig sein bei dem Wetter."

Das Kaufhaus Tietz gab es schon nicht mehr, als ich Mitte der Neunziger zum ersten Mal nach Berlin kam, den Döblin im Gepäck. Eine Freundin und ich fuhren mit einem winzigen Auto an einem Wintermorgen los. Weil wir unterwegs müde wurden, machten wir auf einem Rastplatz ein Nickerchen. Als wir wach wurden, hatten sich an den Innenseiten der Scheiben Eisblumen gebildet und der vom Vorabend übrig gebliebene Gemüse-Eier-Reis, den wir in einer Tupperdose für die erste Mahlzeit in Berlin mitgenommen hatten, war gefroren. In der Pension am Ku'damm, wo wir günstig ein halbes Zimmer bekommen hatten, versuchten wir später, den Reis auf der Heizung aufzutauen. Halbes Zimmer ist wörtlich zu verstehen: Eine Rigips-Wand war durch einen ursprünglich doppelt so großen Raum gezogen worden. Das sah man, weil der Stuck an der Decke einfach an der Wand aufhörte. Diese war so dünn, dass sie zitterte, wenn man mit der Hand dagegen drückte. Der Reis blieb übrigens sehr kalt. Aber mir war alles egal. Ich wollte Berlin sehen und vor allem den Alex.

Dort war fast nichts so, wie ich es mir ausgemalt hatte. Ich stand auf dem Platz und suchte den Platz, suchte Menschen und Tauben. Irgendwas Lebendiges. Der Winter pustete nicht, er biss. Nicht mal mit dieser Kälte hatte ich gerechnet, trotz Döblins Windpassagen. Für die Weltzeit und die Farben des Brunnens hatte ich keinen Blick. Trost kam in Gestalt einer Elektrischen um die Ecke. Sie rullerte zwar nicht und hieß auch 1996 oder 1997 schon Straßenbahn oder Tram. Aber sie war gelb. Menschen saßen darin, sogar eine Taube hüpfte zur Seite und sah aus, als ob ihr das Spaß mache. Hat es sicher nicht, aber: „Man muss lustig sein bei dem Wetter", dachte ich. Bei jedem Wetter und auf jedem Platz. Dann kann man den Alex, durch alle Zeiten und Winde, mögen. Er ist eben die Taube unter den Plätzen. Und ohne die wäre Berlin auch nicht Berlin.

Wo die Stadt zu sich kommt

Die Plastikblumen dürfen nicht fehlen, und auch nicht die Kaffeesahne in diesen Plastiktöpfchen, die aussehen wie Astronautennahrung. In dem Bäckerei-Café, in dem ich die Zeit bis zu einer Verabredung überbrücke, sind sie geformt wie kleine Nieren. Wenn man zwei zusammensteckt, hat man einen Kreis. Als ich damit fertig bin, habe ich nichts mehr zu tun. Es gibt auch nicht viel zu sehen in solchen Bäckerei-Cafés. Die gar nicht mal wenigen Gäste sitzen allein oder zu zweit und reden leise oder schweigen in ihre Kaffeepötte. Der Kaffee ist lang und dünn. Filter. Dazu gibt es Blechkuchen für 2,30 Euro. Blaubeerschnitte. Mandarinenschnitte. Kirschstreusel-schnitte. Mit Kaffee in Kombination kostet jede Schnitte nur 3,50 Euro. Die Dame im Geblümten hat das Ange-bot wahrgenommen und genießt es konzentriert.

Daneben sitzen zwei Männer und essen Bockwurst zum Kaffee. Auch ein Angebot, wie der Plastikaufstel-ler auf dem Tisch verrät. Zwei Euro. Ich glaube, Kaffee und Bockwurst als Gedeck gibt es nur in Bäckerei-Cafés. Aber dort darf es nicht fehlen auf der Karte, wie das „kleine Frühstück": Zwei Schrippen, Käse, Wurst, Kon-fitüre, Butter, ein Ei. Die Karte steckt hochkant in einer Plexiglashalterung und die steht auf einem Deckchen mit Herbstmotiven. Eingerahmt von Süßstoff, Teelicht im bedruckten Glas und besagten Plastikblumen. Von irgendwoher dudelt schlimme Radiomusik, aber so leise, dass es keinen stört. Überhaupt wirken alle Anwesenden zufrieden und bei sich. Der Mann hinter der Theke mit den Blechkuchen begrüßt und bedient mit stiller Höf-lichkeit, und wenn er gerade nicht begrüßen und bedie-nen muss, hat er immer was zu tun. Es ist warm.

Mir wird auch ganz friedlich zumute. Woran das wohl liegt? Ich glaube, es ist so: Weil Bäckerei-Cafés sind, wie sie sind, muss, wer hier reinkommt, auch niemand ande-res sein, als er ist. Vor ein paar Monaten unterhielt ich mich in Düsseldorf mit einem Mann, der oft geschäft-lich nach Berlin muss. Während wir am Rhein sprachen, fanden in Berlin mal wieder zwei oder drei Großveran-staltungen gleichzeitig statt. Wir kamen darauf, weil in Düsseldorf wegen eines Straßenfestes die Bahn umgelei-tet wurde. Durcheinander entstand, so vorhersehbar wie harmlos. Nichts im Vergleich zu dem, was zeitgleich in Berlin abging. Der Mann sagte, an solchen Tagen sei die Hauptstadt ein Aneurysma, das jeden Moment platzen kann. Das Bild geht mir seitdem nicht aus dem Kopf und es taucht nicht nur an „solchen Tagen" auf. Sondern immer, wenn ich spüre, wie sie zappelt und pumpt. Immer, wenn ich sehe, wen sie alles beheimatet und wer alles noch nach seinem Platz sucht. Immer, wenn ich wahrnehme, was die Stadt alles sein will oder sein soll. Wenn sie selbst nicht weiß, wo ihr Platz ist. In solchen Cafés, die nichts sein wollen außer ein Ort, an dem es warm ist und der Kaffee lauwarm und man eine Bockwurst dazu essen kann, kommt sie zu sich. Da ist mehr Stadt als überall, wo „urban" draufsteht. Und man kann das Aneurysma eine Weile vergessen.

Eine Stadt voller Wörter

Das hier, so viel steht fest, ist kein kleiner Streit. Keine harmlose Auseinandersetzung, nicht eine dieser Zickereien zwischen Mädchen in diesem bestimmten Alter, die in einer tränenreichen Umarmung und langen Beteuerungen münden. Hier, auf dem Hermannplatz, geht etwas zu Ende. Die beiden, 13, vielleicht auch 15 Jahre alt, stehen nicht weit auseinander, doch die Distanz zwischen ihnen könnte größer nicht sein. Die eine, klein und etwas mollig, die auffallend schönen Kupferhaare zu einem perfekten Dutt geschnürt, redet auf die andere ein. Jene ist zu weit weg, um zu hören, was diese sagt, doch ihre Haltung und Gestik hat etwas Bittendes, fast Flehendes. Verzweifelt wirkt sie, und sticht heraus aus dem frühsommerlichen Treiben und Sich-gehen-Lassen.

Ihre Verzweiflung lässt das andere Mädchen, auch mit Dutt, ansonsten sieht sie aber ganz anders aus, schmal und drahtig, sichtbar unbeeindruckt. Mit verschränkten Armen steht sie da, steif und gerade wie ein Pfahl, und schweigt. Alles an ihr ist Ablehnung. Sie schweigt auch, als die Bittende ihre Ansprache beendet, und ihr Gesicht zeigt keine Regung. Die Rothaarige setzt erneut an, jetzt streckt sie bittend beide Hände in Richtung der Freundin, sie redet sich um Kopf und Kragen. Da dreht die andere sich um und geht. Einfach so, erhobenen Hauptes und sehr endgültig. Einen Moment lang sieht es aus, als wolle die Stehengelassene ihr nachlaufen. Doch dann lässt sie die Arme sinken und bleibt stehen. Ihre letzten Worte zappeln in der Luft wie ein verwirrtes Insekt. Nicht nur ihre Verlassenheit, sondern auch die bestimmt mühsam und doch vergeblich errungenen und aneinandergereihten Sätze schnüren mir für einen Moment die Kehle zu.

Ich stelle mir vor, wie viele Worte durch die Stadt irren. Unsichtbar, unhörbar, wie kleine Geister. Unbeantwortete Nachrichten. Zurückgewiesene Vorwürfe. Unerwiderte Liebeserklärungen. Entschuldigungen, die in der Atmosphäre stecken bleiben, weil der Adressat sich stumm umdrehte und ging. Wütende Anwürfe, die an Regungslosigkeit abprallen und kraftlos zu Boden taumeln. Rufe, die verhallen. Fragen ohne Antwort. Fragen, die gar nicht erst gestellt werden, aus Angst vor den Antworten. Überhaupt, all die ungesagten Sätze, Sätze, die angstvoll zurückweichen vor einem kalten Gesicht, einem befürchteten Schulterzucken. Was für ein Gewimmel wäre das, könnte man sie sehen. Was für ein Getöse, könnte man all das hören. Der Gedanke gefällt mir, aber eigentlich ist er traurig. Sind doch all diese Wörter lose Enden.

Das Normale und seine Seiten

Der Wein im Ecklokal wird auch beim zweiten Glas nicht besser, doch darum geht es nicht. Niemand ist hier, um schlürfend und zutschelnd verborgene Aromen vom Grund bauchiger Gläser hervorzutauchen. Auch ein angehendes Besäufnis kann ich nirgends entdecken. Für beides, Weinverkostung und Sich-im-Wein-Verlieren, eignet sich das Ecklokal auch nicht. Aus allerlei Leucht-körpern, von Deckenstrahlern über Stehlampen bis hin zu den Kerzen, quillt Licht knapp vor dem Übermaß. Dazu passt, dass auch bezüglich der Raumausstattung aus dem Vollen geschöpft wurde. Wie häufig in solchen Lokalen entdeckt das aufmerksame Auge nahezu alles, was die Deko-Abteilung hergibt.

Mir gegenüber stehen drei abgesägte Birkenstämme. Auf der Bar rührt mich ein schiefes Ginkgo-Bäumchen. An den Wänden wechseln sich Kunstdrucke mit Foto-grafien mit Spiegel-Arrangements ab. Fensterbänke und Tische ziert saisonaler Nippes: Wo zwischen den Jahren noch kugelige Weihnachtsmänner den Tellern den Platz streitig machen, standen auch schon Gestecke aus bunten Blättern und grienende Osterhasen. Das weiß ich von ver-gangenen Besuchen. Auch dass die Musik nur aushaltbar ist, weil Gespräche und der schöne Sound aufrichtig gut gelaunter Kellner sie weitgehend übertönen. Achtziger-jahre, immer, und zwar die schlichteste Kategorie.

Warum ich trotzdem von vergangenen Besuchen berichten kann? Ich mag diese Sorte Lokale. Sie sind das abendliche Pendant zu Bäckerei-Cafés. Weil sie nichts darstellen wollen und das abfärbt auf die Gäste. Bunt ist auch an diesem Abend das Publikum. Eine Geburtstags-gesellschaft im Alter zwischen 0 und 80 feiert fröhlich, ohne zu grölen. Zwei junge Männer verzehren schweigend zuerst den Salat, dann riesige Schnitzel. Die hat auch ein Paar auf dem Teller, das sich mit Bier zuprostet. Ihr Zickzackhaar passt zu *Brother Louie, Louie, Louie*. Wann habe ich zuletzt Modern Talking in einem Restaurant gehört?

Am Tisch neben mir nehmen Vater und Sohn Platz. Beide sind auffallend schön. Endlose Wimpern in schmalen Gesichtern, ernsthafte, glänzende Augen. Das Kind bestellt mit heller Stimme einen Burger, noch bevor es seinen Anorak ausgezogen hat. Der Vater streichelt es mit einem Blick und entscheidet sich für den Thunfischsalat. Von da an sprechen sie nicht mehr. Das Kind spielt auf dem Smartphone, der Vater mit der Serviette und seinem Wasserglas. Mir wird ein bisschen schwermütig. Ihr Schweigen ist so wenig verbindend wie das der beiden jungen Männer und das vor einiger Zeit eingetretene des Schnitzelpaares. Alle vier haben die Geräte neben den Tellern, und diese bekommen zwischen Bissen und Schlucken die Aufmerksamkeit, die sie einfordern. Im Ecklokal, wo die Normalität alle viere von sich strecken darf, zeigt sie sich eben von allen Seiten. Und ganz unabhängig von Traube und Jahrgang: Daran ändert auch das zweite Glas Wein nichts.

Wachstuch und Würmer

Das vorletzte Mal in einer Zoohandlung war ich vor etwa 35 Jahren, als mein Meerschweinchen noch lebte, und das allerletzte Mal vor ungefähr 20 Jahren. Grund für den Besuch des Haustierfachgeschäftes war das Theaterstück *Der Zimmerspringbrunnen*. Meine Freundin und ich saßen in der ersten Reihe. Das ist deswegen wichtig, weil sie für ein paar Minuten den titelgebenden Springbrunnen auf dem Schoß halten durfte und sich in ihn verliebte. Sie wollte ihn nicht mehr hergeben, musste aber, weil er für den weiteren Verlauf des Stückes von Bedeutung war, wie man sich denken kann. Der Brunnen ihrer Begierde sah aus wie der Berliner Fernsehturm. Ich sah ihr trauriges Gesicht und dachte: Hey, so einen Brunnen zu bauen, kann doch nicht schwer sein, Schüssel, Rohr, Kugel mit Löchern, Spitze drauf, Pumpe rein, Wasser an, und schon sprudelt es munter aus dem kleinen Wahrzeichen. Welche Materialien ich verwendete, weiß ich nicht mehr, nur dass ich für die Pumpe in eines dieser Geschäfte musste, in denen es überall raschelt und scharrt, die Luft irgendwie dicker ist als anderswo und wo es viele Gegenstände gibt, deren Zweck sich nicht von selbst erklärt.

An diese sehr speziellen Orte mit ihrem sehr speziellen Angebot und die Menschen, die darin arbeiten, mit ihrem sehr speziellen Wissen, denke ich immer, wenn ein Geschäft auftaucht, das sich voll auf eine Sache konzentriert und das ich deswegen wahrscheinlich nie oder nie mehr als Kundin aufsuchen werde. Man braucht ja nicht alle naselang eine Aquariumpumpe. Zumal, wenn man keine Fische hat. Oder Wachstuch. Es gibt wirklich Läden, die nur Wachstuch verkaufen. Rollenweise steht es in den Schaufenstern, geblümt, mit Ranken oder Obst drauf und auch mit Aufschrift „All you need is love". Und Wachstuch, ergänzt man innerlich. In manchen Läden kann man nur Jalousien kaufen, in anderen nur Helikoptermodellbauzubehör und in wieder anderen alles zum Angeln. „Maden, Würmer, Kopflampen" wirbt der Straßenaufsteller eines solchen Geschäftes, und ich denke: Wie viele kleine Welten doch in dieser großen stecken und wie wenig ich von ihnen weiß. Und von den Menschen, die dort arbeiten. Wie fühlt es sich an, wenn man 750 Sorten Wachstuch, ihre Vorzüge und Nachteile kennt und Worte wie „Schnittkante" und „Paspelband" zum täglichen Vokabular gehören? Ich werde es nie zu solch einem Spezialistentum bringen. Trotzdem bin ich froh. Denn man fragt sich doch immer wieder: Wie haben diese Geschäfte bis heute den Onlinehandel, die Konsumparks an den Stadträndern und die Shoppingmalls überlebt?

Genau. Weil man sich dort auskennt. Der Zimmerspringbrunnen damals hat, nach einem Fachgespräch mit dem Zoohandlungsmitarbeiter über verschiedene Aquariumpumpenmodelle, formidabel funktioniert – und dabei hat ja so ein Fernsehturm in der Schüssel nicht mal was mit Tieren zu tun. Ich hoffe, all diese Geschäfte halten sich weiter. Auch wenn ich weder Jalousien noch Wachstuch brauche. Es ist gut, dass es sie gibt.

Tanz im Müll

Im Haus Nummer 10 hat jemand seine Ballettkarriere an den Nagel gehängt. Oder sind sie nur zu klein, die zertanzten rosa Spitzenschuhe, die das Nummernschild zieren? Und sieht das lustig aus oder traurig? An der Fassade nebenan rankt, wie an etlichen Häusern rund ums Kottbusser Tor, Wein noch fast blattlos gen Himmel, die Äste so zart, dass auch das Gewächs zu schweben scheint. Das passt schön zu den Schuhen, plötzlich strahlt das Arrangement Heiterkeit aus. Bestimmt tanzt das Mädchen noch, eine Nummer größer.

Gegenüber am Zaun prangt ein aufwändig gestaltetes Banner. Die Bewohner, dargestellt als naserümpfende Gesichter, haben darauf geschrieben: „Eure Toilette = unsere Haustüre. Respektiert die Nachbarn". Daneben das Ganze auf Englisch. Wie viel Urin muss da geflossen sein. Dass man so groß an etwas erinnert, das – sollte man denken – jeder weiß. Dass man nicht in Vorgärten und Höfe pinkelt. Überhaupt spielen menschliche Ausscheidungen, diese so intime Angelegenheit, in den Straßen rund ums Kottbusser Tor, eine recht öffentliche Rolle. In der Naunynstraße liegt ein kaputter Toilettenspülkasten auf dem Bürgersteig, um ihn herum Plastikteile. Der Kontrast zwischen der kolossalen Gleichgültigkeit gegenüber dem Lebensraum so vieler und der liebevollen Ausstaffierung desselben kratzt einem fast die Augen aus. Der Schmuck ist allgegenwärtig: Frühblüher umkreisen Straßenbäume und stecken die hübschen Köpfe aus steinernen Trögen. Die Sockel links und rechts einer Tür hat jemand gekonnt mit Mosaiksteinchen verziert. Viele Hausnummern erfährt man von mediterranen Fliesen oder selbstgetöpferten Schildern. Ein Fahrrad trägt auch Blumen. Sonnen, aus Plastik, aber das macht nichts. So leuchten sie länger.

Wenn man genau hinsieht, lächelt einem der Kiez von überall her zu. Die Freude am Verschönern überdeckt Unrat und Verwahrlosung, lässt die hässlichen Graffiti in einem versöhnlichen Licht erscheinen und leuchtet die gelungenen aus. Lenkt den Blick auf das, was Nachbarschaft auch ist, außer Wehr gegen Wildpinkler: In jedem vierten Haus befindet sich irgendein Hilfebüro oder eine Initiative. Für jede Gruppe, jedes Problem. Eltern, Frauen, Alte, Väter, Einsame und an der Bürokratie Verzweifelnde müssen rund ums Kottbusser Tor nicht lange suchen, um Rat und Begleitung zu finden. „Liebe ist für alle da" steht auf einer Fassade. Ein Aufkleber ruft zur „Revolution gegen Verdrängung" auf und ich lese zuerst „Veränderung", ein Zettel zum „Stören, sabotieren, besetzen, verhindern!" Der brachiale Ton tut dem berechtigten Anliegen (Protest gegen den Bau eines weiteren Hostels) keinen Gefallen und beißt sich mit der rosa Wand dahinter. Ich denke: Rund ums Kottbusser Tor ist eine dieser Gegenden, in denen sich auf kleinstem Raum ballt, was Menschen in der Stadt fertigmacht und was sie fertigbringen. Was sie schafft und was sie schaffen. Werk und Zerstörung gehen Hand in Hand, Liebe und Verdruss, Enthusiasmus und „alles egal". Gespräch und Gebrüll, Tanz im Müll.

Madeleines aus Papier

Nollendorfplatz. Ein Name, in dem Zeit und Raum zusammenschnurren und sich zugleich weiten bis zu den ganz fernen Galaxien. Nicht nur Kästners Werk kommt mir augenblicklich in den Sinn, Emil, Pony Hütchen, Gustav mit der Hupe und die ganze Bagage, sondern auch ich selbst als Studentin. Immer auf der Jagd. Gänzlich unbewaffnet, nur mit einer inneren Liste. Titel um Titel stand darauf, Name um Name, darunter Platz für neue Begierden.

Manchmal denke ich, ich habe in meinen Studienjahren mehr Zeit in Antiquariaten verbracht als mit Lesen. Wenn man die Wanderungen mit den Augen nicht mitzählt, den Kopf in den steifer werdenden Nacken gelegt. Und wie die Bergluft verlässt einen auch der Duft alter Bücher nie mehr. Ein Antiquariat erkenne ich mit geschlossenen Augen, nämlich am Geruch. Er setzt sich zusammen aus dem Muff der Jahre und Jahrzehnte, aus Druckertinte, altem und neuem Papier. Dazu der Antiquar, je nach Jahrgang. Holz mischt sich hinein, manchmal Teppich, Staub.

Wenn dieser Duft, denn immer ist es Duft, nie Mief, mir in die Nase steigt, fliege ich augenblicklich zurück in die Hörsäle und Bibliotheken (die olfaktorischen Verwandten der Buchläden), in die Mensa und vor den Computer, der damals noch aus zwei feisten Kästen bestand, einer auf dem Tisch und einer darunter. Sammelte sich Staub in den Luftschlitzen, roch auch er. Nach Arbeit, Wissenschaft und Vernachlässigung.

Und ich reise zu Johann Nadelmann. Denn so sehr ich das Studium, die Recherche, das Seminar liebte, der Drang, mit den Händen etwas Sichtbares, Greifbares zu schaffen, wuchs. Also eröffnete ich mit einem Freund selbst ein Antiquariat. Die Gerüche der Stammkundschaft kamen hinzu. Rasierwasser und Parfüm, Shampoo, feuchte Kleidung und, auch wenn es seltsam klingt, der Duft der Demut. Zu den nachhaltigsten Bildern dieser Jahre gehören altersfleckige Hände, die voller Zärtlichkeit ein vergilbtes Heft betasten. Feuchte Augen bei der Entdeckung eines lange gesuchten Werkes, die den inneren Kampf widerspiegeln: Kann ich mir das leisten? Was wird die Gattin, wird der Mann sagen? Für immer verdrängt habe ich die Erinnerungen an gierige Feilscher und Händler, denen es einzig ums Geschäft ging. Halunken, die nur den Mantel des Büchernarren trugen. Er stinkt zum Himmel. Zum Glück waren solche Kunden selten.

Antiquariate sind meine Proust'schen Madeleines. Im Strudel der Neuerscheinungen habe ich diese Orte vernachlässigt in den letzten Jahren. Vielleicht aber auch, weil Zeitreisen anstrengend sind. Doch es sind immerhin Reisen ohne Grenzkontrollen und ohne Gepäck. Zumindest auf dem Hinweg. Zurück wird sehr bald ein Erich Kästner in der Tasche sein, ein von der Zeit gezeichnetes Heftchen oder sogar Proust, der zuverlässigste Gefährte auf der Suche nach vergangenen Tagen.

Wohin gehen sie denn?

Irgendwo im eher toten Teil von Mitte. Ich suche ein Café, keinen Bäcker, kein Selbstbedienungslokal, ein Café. Wo man den Kaffee gebracht bekommt, Sätze wechseln kann mit der Bedienung und welchen lauschen kann von Fremden. Ich finde nur einen Imbiss, vor dem zwei Tische stehen mit Tischtüchern drauf und Blumen in kleinen Vasen. Eine Kreidetafel verkündet „Kaffee". Drinnen greift der Inhaber nach einem Pappbecher. Nein, Tassen habe er nicht. Ich habe mich damit abgefunden, dass ich den Kaffee selbst holen muss, aber Pappbecher und Blumen in kleinen Vasen, das passt nicht zusammen.

Ohne Kaffee ziehe ich von dannen und denke beim Thema Pappbecher mal nicht an das Müllproblem, sondern an den Einzelhändler in Marianna Lekys Roman *Was man von hier aus sehen kann*. Der besorgt einen Kaffeeautomaten und hängt ein Tortenpapier an die Tür, auf dem „Kaffee to go" steht. Es hängt dort nicht lange, denn keiner aus dem Dorf will „Kaffee to go". „Wo soll ich mit dem Kaffee denn hingehen?", fragt die Bürgermeisterwitwe. Eine bestechende Frage. Alle gehen irgendwohin mit ihrem Kaffee. Statt ihn zu Hause zu trinken. Oder im Büro. Oder im Café. Viele setzen sich zwar irgendwohin mit dem „Kaffee to go", aber eben nicht da, wo sie ihn gekauft haben. Als wäre das was Unanständiges.

Ganz ähnlich verdreht verhält sich der Großstädter auch beim Essen und anderen täglichen Verrichtungen. Einerseits geht er vermehrt in Lokale mit Kantinen-Charme, in denen er in der Schlange steht, um zu üppigen Preisen das Essen zu bezahlen, das er sich vorher selbst zusammengestellt hat, und in denen, weil alle das tun müssen und anschließend ihr Geschirr wegbringen, ein formidables Gedränge und entsprechender Krach herrschen. Andererseits blüht inmitten dieses Do-it-yourself-Kults eine Philosophie des Machen- und Bringen-Lassens. Man kann sich die saubere Wäsche liefern lassen, Windeln und andere Waren und natürlich jede Art von Essen. Sogar Salat! Man muss ihn sich nur online selber zusammenstellen.

Vor ein paar Jahren war ich das letzte Mal in einer Pizzeria, die ich bis zu diesem denkwürdigen Abend sehr mochte. Anstelle von Insalata mista wurden uns die Tomaten und die Gurke am Stück serviert. Nur die Eisbergsalatblätter kamen nicht als ganze Kugel, sondern lagen, allerdings in Original-Handteller-Größe, abgezupft daneben. Ich erinnere mich, dass ich nicht wusste, ob ich lachen oder weinen soll. Warum bekomme ich den Salat so, wie ich ihn auch zu Hause im Kühlfach finde? Weil gemeinsames Schnibbeln verbindet? Oder weil die Köche alle unterwegs waren, Essen ausfahren? Bevor es so weit kommt, dass der „Kaffee to go" nach Hause gebracht wird, von wo aus wir dann mit dem Becher in der Hand in ein Self-Service-Restaurant gehen, wo wir ihn kurz abstellen, weil wir ja noch den Tisch decken müssen, und ihn wegwerfen, bevor wir uns ans Spülen machen, bevor es so weit kommt, fragen wir uns doch einfach mal bei einer schönen Tasse mit der Witwe des Bürgermeisters: Wo soll das alles hingehen?

Verwobene Fläche

Es ist noch nicht lange her, da kaufte ich in der Berlinischen Galerie einige Postkarten. Eine kaufte ich zweimal, das Motiv rührte mich so an, dass ich sofort wusste: Eine behalte ich, eine verschicke ich. An wen, stand noch nicht fest. Ich würde es, wenn ihr Zeitpunkt gekommen ist, schon wissen. Dachte ich, und dachte richtig. Auf der Karte, einer Fotografie von Friedrich Seidenstücker, liest eine junge Frau einen Brief in der Herbstsonne. In der einen Hand hält sie den Brief, in der anderen den Umschlag, so fest, dass er schon halb zerknüllt ist. Eine Ecke berührt ihren Mundwinkel, als würde sie daran knabbern. Dass Herbst sein muss oder ein milder Wintertag, erkennt man, obwohl es ein Schwarz-Weiß-Foto ist und die Bäume im Hintergrund verschwommen sind, an ihrem Mantel und den Lederhandschuhen. Statt einer Mütze bedeckt aber Sonne das apart gescheitelte Haar.

Vor vielen Jahren war ich mal mit einer Bekannten in einer Seidenstücker-Ausstellung. Das fällt mir ein, als ich auf dem Nachhauseweg eine Frau sehe, die ihr von Weitem sehr ähnlich sieht. Eigentlich müsste ich die Bekannte heute noch zufällig treffen. Denn so passiert es oft, jeder weiß das. Man verwechselt Fremde mit einer vertrauten Person, manchmal mehrmals, und plötzlich steht sie vor einem. Ich begegne der Freundin nicht, aber denke wieder an diese wunderbaren sogenannten Zufälle, als ich ein paar Tage später in einer Kirche sitze. Wie aus dem Nichts geht mir die Liedzeile „Du kannst nicht tiefer fallen als in Gottes Hand" durch den Kopf. Es war das Lieblingslied meiner Großmutter und wurde auf ihrer Beerdigung gesungen. Warum es mir während dieser Taufe in den Sinn kommt, weiß ich nicht zu sagen. Eine halbe Stunde später aber, der etwa zweijährige Täufling hat trotz allem Widerstand – „kein Wasser!" – die Prozedur hinter sich, singt eine Sopranistin dieses Lied.

Die Karten mit der Brieflesenden hatte ich da noch in der Tasche. Jetzt steht eine auf meinem Schreibtisch, und immer, wenn mein Blick darauf fällt, denke ich an die vielen unsichtbaren Fäden, die diese Stadt und die Menschen, die Zeiten und womöglich die Welt miteinander verbinden. Die uns in Richtungen ziehen und Sachen machen lassen. Manchmal spät, aber immer noch rechtzeitig. Und auf keinen Fall zufällig. Denn die Karte erinnert mich ja nicht nur an Fäden. Sondern auch daran, wie schön es ist, Briefe zu lesen und zu schreiben. Weil man einen Bildschirm nicht fest in der Hand halten und aufgeregt an seiner Ecke knabbern kann. Vor einiger Zeit schrieb ich eine Mail an eine Freundin, und schon während ich schrieb, kam es mir falsch vor. Die Mail hätte ein Brief sein müssen. Der Inhalt wog schwer.

Von dieser Freundin kam vor ein paar Tagen eine Karte. Eine Fotografie von Friedrich Seidenstücker, die eine junge Frau beim Lesen eines Briefes zeigt. Wissend um das Gewebe der Fäden, sein Ausmaß und seine Dichte, wurde mir dennoch ein bisschen schwindlig. Und ich wusste auf einen Schlag, wem ich mein zweites Exemplar schicken muss.

Eindeutig Berufsrisiko

Man kann es zwanghaft nennen. Ich muss alles voll-
schreiben. Kein Papier ist sicher vor dem Stift. Zeitungen.
Bahntickets. Obsttüten. Servietten. Prospekte. Flyer.
Bierdeckel. Seitenränder in Büchern. Quittungen. Brief-
umschläge. Eintrittskarten. Und diese dünnen weißen
Rosetten um die Hälse von Pilsgläsern. Ist Rosette das
richtige Wort? Man kann kaum schreiben auf ihnen, weil
sie so glatt sind. Die Wörter hampeln herum, Buchstaben
schliddern. Man braucht eine ruhige Hand. Die Servietten in einfachen Eis-Cafés sind auch so.

Weil sie über reichlich Zwischenräume verfügt, hat
sogar Reklame eine Daseinsberechtigung. Doch nur
diese eine: Man kann sie beschreiben. Freilich ist es zwischen dem Feuer der Versprechen und knallenden Preisen gar nicht leicht, die richtigen Worte zu finden. Sie
sind ebenso flüchtige Wesen wie kluge Gedanken. Sie
warten nicht. Wollen behutsam festgehalten werden. Die
kreischende Welt der Werbung und die dunkle der nie
nachlassenden Gier passen überhaupt nicht dazu, denn
man muss sich dabei sehr konzentrieren. Geduckt sehen
die Wörter aus unter Riesenzahlen und Mega-Angebo-
ten, dabei liegen die wahren Angebote des Lebens, seine
ganze Herrlichkeit, da draußen auf der Straße.

Straße. Stift. Papier. Zack! Magnetismus. Nie hört
die Stadt auf, mit Geschichten um sich zu werfen. Ihr
das vorzuwerfen, wäre töricht. Es liegt in ihrer Natur,
so wie es das Wesen des Waldes ist, verschwenderisch
zu schweigen. Man muss das nur wissen, bevor man
sich hineinwirft, ob schreibend oder nicht. Erschöpfung
bereits am Mittag ist dennoch programmiert und Pausen
sind nicht vorgesehen. Nur weil man sich hinsetzt, hört

sie ja nicht auf zu erzählen. Mal flüsternd, mal drängend, dann überschlägt sich ihre Stimme wie die eines aufgeregten Grundschulkindes, mal recht harsch Beachtung fordernd. Der Stift flitzt.

Womöglich ist das gar nicht zwanghaft, sondern schlicht Berufsrisiko. Um die bisweilen auftretenden Schmerzen – verkrampfte Hände, Blasen – zu lindern, müsste ich das Haus mit Ohropax und Augenbinde verlassen. Aber ach, wie langweilig. Am Ende würde ich vielleicht gierig in den Prospekten blättern und mir Maschinen und Abonnements zulegen, damit ich Aufregendes erlebe oder besser: konsumiere. Wahrscheinlicher aber kämen die Wörter dann durch die Nase, schrieben sich die Geschichten durch die Haut ein. Wozu haben wir sechs Sinne und manchmal sogar sieben? Es gibt kein Entrinnen. Wie gut.

Was sie erzählt

Ein regennasses Denkmal für die Liebe

Man kann über einen Wolkenbruch lamentieren. Fluchend fliehen und ihm ja doch nicht entkommen. Man kann ihn aber auch auf sich herabregnen lassen, Gesicht und Arme gen Himmel gereckt oder Letztere weit zur Seite gestreckt. Damit man keinen Tropfen verpasst. Man kann auch darin tanzen. Man kann aber auch küssen, bis der Regen vorbei ist. Oder darüber hinaus. Dazu hat sich ein Paar entschlossen, das sich, ineinander verkeilt wie spielende Hunde, in den Hauseingang drückt. Schwer zu sagen, welcher Arm und welches Bein zu wem gehört. Wer hier wen aufisst. Ein kleiner Junge an der Bushaltestelle kriegt den Mund nicht mehr zu vor Staunen.

Diese beiden, sie küssen, als gäbe es kein Morgen. Ach was, nicht mal mehr einen Abend. Überhaupt nie mehr irgendetwas, nach diesem Kuss. Eine Geschichte müsste man schreiben über zwei, die durch einen endlosen Kuss durch alle Wetter und Jahreszeiten die Apokalypse verhindern.

Der Junge und das Mädchen, die kurze Zeit später am See vor mir hergehen, haben das Weltretten noch vor sich. Wenn sie es auf die Reihe kriegen. Der Regen hat aufgehört. Der Dunst, der vom Boden aufsteigt, duftet betörend. Erdig, organisch, ein bisschen auch nach feuchtem Fell, und von da aus ist es ja nicht weit zur Haut. Sehr annäherungsfördernd, sollte man meinen, aber ach, diese beiden! Sie gehen zwar sehr nah nebeneinanderher, gucken jedoch die meiste Zeit auf den Boden, als gäbe es da mehr zu sehen als nasse Kiesel und Kippen. Ab und zu schauen er oder sie vorsichtig schräg nach oben. Nie gleichzeitig. Manchmal berühren sich ihre Hände, wie zufällig, aber in solchen Momenten passiert nichts zufällig. Wäre ich Komponistin, ich würde die ungesagten Worte zwischen ihnen in Noten und Pausen verwandeln. Heraus käme die „Sinfonie des Schweigens vor dem ersten Schritt". Sehr viele Töne, noch mehr halbe.

Am Abend kommt der Regen wieder, der alte Zampano. Hat noch nicht genug gehabt, im Gegenteil, zum Hauptgang gibt es viel Geräusch und noch mehr Wind als Beilage. Überall auf der Pappelallee fliehen Menschen vor den Wasserfällen, die von Markisen stürzen, ins Innere der Cafés. Wer auch stürzt, sind die Kellner. Sie müssen raus, die Markisen retten und was sonst noch zu retten ist. Ein Riesenschirm wankt, die bunten Lämpchen zappeln. Darunter stehen die einzigen beiden, die der Regen nicht zu schrecken scheint. Es sind keine Gäste, sondern Passanten, die unter den Schirm gesprungen sind in der niedlichen Hoffnung, dort trocken zu bleiben. Dass daraus nichts wird, weil der Regen gar nicht daran denkt, brav senkrecht zu fallen, das scheint ihnen jetzt auch egal zu sein. Er hat den Arm um ihre Schultern gelegt, sie ihren um seine Taille. Natürlich kippt ihr Kopf schon nach kurzer Zeit an ihn dran, in diese Kuhle zwischen Hals und Schlüsselbein, die ja wohl einzig dafür gemacht ist. So stehen sie und schweigen und schauen in den Regen und sehen sehr schön dabei aus. Wollte man der Liebe ein Denkmal setzen, es müsste genau so aussehen. Ein Paar von hinten, Arme oben und unten rumgelegt, ein Kopf in der Kuhle. Ob die beiden vom See mittlerweile auch so weit sind? Vielleicht haben sie sich ja, die Hände ob der gebotenen Eile eine Abkürzung ineinander nehmend, in einen Hauseingang geflüchtet. Tun dort, was das andere Paar selbstverständlich immer noch tut. Und haben irgendwann später ihren ersten kleinen liebevollen Streit darüber, wer den ersten Schritt gemacht hat. Dabei ist das so klar. Es war der Regen.

Wenn Zwerge wachsen

Schon als die vier die Straßenbahn betreten, ist klar, dass es jetzt laut wird. Sie betreten sie nicht. Sie fallen ein. Eine Flutwelle von Testosteron spült die Jungs durch die Tür. Schwer atmend lassen sie sich in die Sitze fallen. Wie sie es schaffen, gleichzeitig so viel zu atmen und zu reden und zu lachen, bleibt schleierhaft. Auch, wo sie ihre Gehirne gelassen haben.

Die Jungs diskutieren die Frage, wo Leipzig liegt. „In Tschechien", ruft einer. Die anderen grölen und hauen sich auf die Schenkel. „In der Nähe von Stuttgart", schlägt ein anderer vor und muss sich von einem Dritten als Honk bezeichnen lassen, da Leipzig in der DDR sei – er verwendet tatsächlich das Präsens – und Stuttgart ja wohl nicht. Wieder Gelächter.

Der Vierte schweigt und knibbelt an einem Pickel. Diese Jungs haben von allem zu viel, denke ich. Zu viel Kraft. Zu viele Mitesser. Zu viel Selbstbewusstsein. Zu viele Selbstzweifel. Zu viele Hormone. Der Schweißgeruch ist atemberaubend.

Ich mag Teenager. In ihren hellen Momenten stellen sie saukluge Fragen. Sie sind beweglich im Kopf, wollen meistens was anderes als das, was gerade ist. Möglichkeitssinn ohne Ende. Über lange Phasen sprechen sie gar nicht, was sehr wohltuend sein kann in unserer schwatzhaften Zeit. Und ja, manchmal reden sie völligen Stuss. Siehe Leipzig. Aber womöglich war das nur das Eingangsgespräch, denn mittlerweile geht es um die Abend-

planung, eine Alice und einen Jungen, der als „Lauch"
bezeichnet wird, ja auch eine Art Running Gag. Wer
weiß. Den Lauch jedenfalls wird man nicht fragen, ob er
mitkommt. Der soll mit den anderen Opfern abhängen.
Mir tut der Lauch spontan leid, andererseits: Es gibt so
viele Opfer in der nun aufflammenden Diskussion, wen
man denn anstelle des Lauchs mitnehme, dass der auf
keinen Fall alleine bleibt. An der Oranienburger Straße
poltern die Jungs aus der Tram. Es ist plötzlich sehr still.

Zwei Stationen später muss ich auch raus. Im Bahnhof
Friedrichstraße formiert sich eine Kitagruppe zu einer
Zweierreihe. Alle Kinder tragen blattgrüne Sonnenhüte.
Von oben sehen sie aus wie eine Waldwichtelfamilie beim
Stadtausflug. Aus der Nähe freilich nicht, denn alle haben
sehr urbane, krachbunte Rucksäcke auf den Schultern.
Die Kinder zappeln und schnattern entwicklungsge-
mäß sehr viel durcheinander und ernten dafür liebevolle
Ermahnungen der Betreuer und verzückte Blicke eini-
ger Passanten. So klein waren die Jungs von vorhin auch
mal, denke ich. Zwerge mit bunten Hüten. Und mag sie
gleich noch ein bisschen mehr.

Die Rätsel der Häuser

Obwohl die Tür offen steht, kann man den Zettel nicht
übersehen. Die vielen Ausrufezeichen und unterstriche-
nen Wörter schießen einem förmlich in die Augenwinkel. „Liebe Nachbarn!", steht darauf. „Nachbarn" ist
unterstrichen. „Bitte keine!! (unterstrichen) Pakete und
Päckchen für M. (Name unterstrichen) mehr annehmen!!
Danke!" Wer immer das geschrieben hat, die Botschaft
ist wichtig. Doch warum soll keiner die Sendungen mehr

annehmen? Sind es zu viele? Holt M. sie nicht ab? Oder will M. nicht, dass seine Pakete in fremden Wohnungen liegen? Ist etwas Verbotenes drin? Spannend. Grübelnd trete ich durch die Tür in den Flur des Hauses. Auf den Briefkästen liegt eine Puppe. Rotes Kleid, weiße Tupfen. Ihre Frisur ist wild, wie toupiert, und ihre Füße sind ganz kurz und kugelig. Sie sehen aus wie winzige Brötchen. Bestimmt hat eine fürsorgliche Person sie nach oben gelegt, damit das suchende Kind sie gleich sieht. Hoffentlich bald. So kleine Füße gehören nicht in ein zugiges Treppenhaus.

An der Tür zum Hof klebt ein weiterer Zettel. Ein Katzenhalsband wird vermisst, mit der Aufschrift „Cipollino". Auch der Nachname des Kindes, das den Finder darum bittet, es in den Briefkasten zu werfen, klingt italienisch. „Cipolla" ist die Zwiebel. Die italienische Katze heißt also wie ein kleines Gemüse oder, wie ich im Internet erfahre, nach einem „karbonatischen Naturwerkstein mit streifig-welliger Textur".

Ein dritter Aushang stammt von einem verzweifelten Bewohner, dem das vierte Mal sein Fahrrad gestohlen wurde. Aus dem Hof! Zwei Schlösser haben immer noch nicht gereicht.

Franz Hessel, der große Leser der Stadt, hat gesagt: „Flanieren ist eine Art Lektüre der Straße, wobei Menschengesichter, Auslagen, Schaufenster, Café-Terrassen, Bahnen, Autos, Bäume zu gleichberechtigten Buchstaben werden, die zusammen Worte, Sätze, Seiten eines immer neuen Buches ergeben." Besonders mag ich das eigentümliche „gleichberechtigt". Eigentümlich, denn: Warum sollte nicht jeder Buchstabe die gleichen Rechte haben? Ist ein „c" oder ein „i" weniger wert als ein „n" oder ein „e"? Auch ohne das „c" und „i" wäre das Alphabet unvollständig und Cipollino hätte einen anderen, womöglich öderen Namen. Bezieht man das Wort aber auf die Menschen, Auslagen und Caféterrassen, tritt eine große, schöne Wahrheit zu Tage: Alles ist relevant und in allem stecken Geschichten. Im müden Gesicht eines Nachtschichtlers genauso wie in einer alten Eiche, in einer vollen Straßenbahn ebenso wie hinter den getönten Scheiben einer Limousine.

Was mir fehlt in Hessels Satz: die Wohnhäuser, ihre Eingänge und Flure. Wenn die Türen offen stehen, gleichen sie aufgeschlagenen Büchern voller kleiner und großer Rätsel. Ist die italienische Katze nach einer Zwiebel benannt oder trägt sie den Namen einer Marmorart? Wird die Puppe mit den kleinen Füßen abgeholt, der Fahrraddieb gestellt oder ist es eine Diebin? Und was wird mit Herrn M.s Paketen? Lauter Geschichten. Oder eine große? Denn schließlich hängt doch alles mit allem zusammen. Wie die Buchstaben des Alphabets.

Der Wert der Dinge

„Redest du mit mir?" – „Nein, mit dem Licht." Als dieser hinreißende kleine Dialog durch die Dunkelheit tönt, sitze ich bereits seit zwei Stunden im Saal. Die Frage stellte ein Schauspieler, die Antwort kam vom Regisseur. Der Erstere ist verwirrt, da es kurz vorher noch um eine Stelle im Text ging. „Leute, es heißt nicht SPÜLEN! Sondern FÜÜÜHLEN. Oder von mir aus SPÜÜÜREN", rief der Regisseur. Ein unterdrücktes Lachen war zu hören in seiner deutlichen Ansage.

Jeder Buchstabe zählt. Jeder Ton, jeder Lichtstrahl, jeder Schritt. Das lerne ich an diesem Vormittag, an

dem ich erleben darf, wie ein Musiktheaterstück entsteht. Nein, ein winziger Teil davon. Man probt seit
120 Minuten dieselbe Szene. Das ist nicht langweilig,
im Gegenteil. Mit angehaltenem Atem verfolge ich
die Korrekturen und werde immer demütiger ob der
Geduld aller Beteiligten. Die einen sagen zum 15. Mal
die gleichen Sätze. Andere stehen und haben nichts zu
tun im Augenblick. Von Füßescharren und Überdruss
keine Spur. Das Orchester spielt die zur Szene gehöri-
gen Sequenzen jedes Mal mit stoischer Konzentration.
Oft wird unterbrochen, ein verrutschter Ton, eine Pause,
die einen Vierteltakt zu lang ist, ein Forte, wo Mezzo-
forte geboten gewesen wäre – Winzigkeiten bringen das
Gesamtgeschehen aus dem Takt. Also von vorn.

Wenn die Choreografin an einem einzelnen Darsteller
herumzupft, schweigen die Musiker. „Schauen Sie mal.
Die Oboe strickt", sagt der Mann neben mir. Das klingt
genauso bizarr wie „Ich spreche mit dem Licht", doch
in der Tat: Die Oboistin nutzt die stille Phase für Hand-
arbeiten. Die Klarinette tippt etwas in ihr Smartphone.
Dann greifen alle wie in einer einzigen Bewegung wieder
zu ihren Instrumenten. Es geht weiter. Und kurz bevor
ich den Saal verlasse, sitzt die Szene. Alles stimmt. Stolz
und Freude wabern durch den Raum wie vorhin der
künstliche Nebel.

Auch wenn mir im Konzert, im Museum, im Kino
oder bei der Lektüre unterbewusst bestimmt immer
klar ist, wie viel Akribie, Geduld und Kraft im Ergebnis steckt, staune ich auf dem Heimweg noch immer
über das Ausmaß. Denke kurioserweise an einen Tag
vor vielen Jahren, als ich für einen Text in einer Biogroß-
bäckerei war. Ich sah mein Brot danach mit anderen
Augen, nicht nur wegen der Aufstehzeiten der Beschäf-

tigten. Und wünschte mir, ich könnte bei der Entstehung von so vielem mal stille Beobachterin sein. Am besten mit den Kindern. Wir würden lernen, was es braucht, bis ein Lego-Set fertig ist. Wie viel Sorgfalt in einer Hosennaht steckt. Wie kompliziert ein Heizungssystem aufgebaut ist und welche Kenntnis man haben muss, um die Fehler zu vermeiden, über die wir später fluchen würden. Wir wären bestimmt fasziniert vom wahren Wert all dieser Dinge und würden sie danach anders benutzen. Die Szene, in der die Regie mit dem Licht sprach, werde ich bei der Premiere jedenfalls mit anderen Augen und einem Lächeln auf dem Gesicht sehen. Den Kindern von der Probe erzählen. Und sie und mich bei anderen Gelegenheiten daran erinnern.

Einsamkeit I

In manchen Momenten nehmen Wörter Gestalt an. Man kann sie dann *sehen*. Warum es „stillen" heißt, begreife ich zum Beispiel wieder einmal, als ich die junge Mutter im Strandbad sehe. Sie ist sehr jung, das offenbart ihr Gesicht. Viel mehr sieht man nicht, Haare und Hals sind unter einem weinroten Hidschab verborgen, dazu trägt sie ein knöchellanges himbeerfarbenes Gewand. Es hat etwas Heiliges, wie sie da sitzt, ganz versunken in das Kind, darum ein unsichtbarer Raum. Trüge sie nicht Sneakers an den Füßen, sie sähe aus wie die Jungfrau Maria. Ihre Augen glänzen. Wie gerne würde ich jetzt malen können. Das Bild hieße natürlich: Stille.

Die Frau ein Stück weiter wirkt nicht weniger verzaubert, ihr Baby ist ein Buch. Ich versuche, mich unauffällig zu verrenken, um einen Blick auf den Titel zu erhaschen.

Jemand lacht und mir wird klar, dass man sich nicht unauffällig verrenken kann. Ehe ich mir zu Ende überlegt habe, ob ich sie einfach frage, was sie liest, lenkt mich eine Unruhe von links ab. Zwei kleine Jungen schneiden Grimassen. Grimassen, die ein Gesicht eigentlich gar nicht mitmachen dürfte, rein anatomisch gesehen. Das Spiel heißt: Wer zuerst lacht, hat verloren. Ich verliere.

Alle wirken sehr zufrieden und bei sich, die beiden Frauen, die Kinder und alle anderen auch. Keiner ist allein in diesem Bad, auch das fällt auf. Also, allein im Sinne von einsam. Wer allein da ist, will allein sein oder es macht nichts aus, jedenfalls wirkt das so. Die Alleinigen sind halt mit sich da und empfinden das als gute Gesellschaft. Die meisten sind zu zweit, zu viert, en famille oder in großen Gruppen gekommen oder haben sich getroffen. Eine Gruppe Männer entdeckt in diesem Augenblick eine andere Gruppe Männer. Man klatscht sich ab. Ho, hey, na, wie geht's? Später ein Bier! Warum, weiß ich nicht, aber ausgerechnet in diesem Moment fällt mir ein Zeitungsbericht ein, den ich vor ein paar Wochen las. Da ging es um einen Mann, noch gar nicht so alt, der tot in seiner Wohnung gefunden wurde. Er war schon Tage vorher gestorben und niemand hat ihn als vermisst gemeldet. Niemand hat ihn gesucht oder mal geklingelt. Immer wieder gibt es solche Berichte, und jedes Mal frage ich mich, wie das geschehen kann. Das Gespenst „anonyme Großstadt" weht dann vorbei, aber für mich bleibt es ein Gespenst. Etwas, von dem die Leute sagen, dass es das gibt, aber ich kann es nicht sehen, nicht greifen, *be*greifen.

Einige Tage später, wieder am See, das Sommerzusammensein im Rücken, kommt uns ein Junge auf dem Fahrrad entgegen. Er kurvt absichtlich die Passanten an, fährt hin und her und spricht mit sich selbst. Ich habe ihn schon oft gesehen. Er ist acht, vielleicht neun Jahre alt und immer allein. Er würde sicher vermisst, allein wegen der Schule, denke ich, und merke sofort, dass das ein anderes „vermisst" ist. Ein papiernes, einer auf der Liste fehlt. Wem würde er noch fehlen? Der Junge wirkt nicht wie jemand, der gerne allein ist. Sondern kolossal einsam. Da kurvt es, das Wort. *Einsam.*

Einsamkeit II

Eigentlich wollte ich allein sein. Aber eben nicht zu Hause allein, sondern unter Menschen allein. Ich gehe also in ein Café, von dem ich weiß, dass die meisten allein dort sind, vor sich hin bosseln, an einem Gerät oder in einem Buch blättern oder an einem Kind rumzupfen oder einfach an die Wand gucken. „Die meisten" klingt nach vielen Menschen, das stimmt aber zumindest um diese Uhrzeit nicht. Es ist Mittag und nur eine Frau sitzt auf der gepolsterten Bank, vor sich eine Tasse Kaffee.

Ich muss nachdenken. Nicht die Sorte Nachdenken, aus der Tiefsinniges entsteht, Lösungen für Menschheitsprobleme, an denen bisher auch die Schlauesten gescheitert sind, oder kluge Texte. Eher Sortieren. Im Kopf. Dort sieht es aus wie nach einem Einbruch, alles quillt aus den Schubladen, Ideen liegen herum und Sorgen, verglichen mit denen der Menschheit freilich klein, aber auch Pläne oder „Projekte", wie man das heute nennt. Dabei sind Pläne doch viel schöner, die verwirklicht man (bestenfalls), Projekte dagegen zieht man so durch und irgendwann ist man fertig. Wenn man überhaupt anfängt.

Gedanken wie diese wabern jetzt zusätzlich durch das Kuddelmuddel, und es wird echt Zeit aufzuräumen. Ich setze mich nicht ans andere Ende des Cafés, weil mir das unnötig abweisend vorkommen würde, aber doch mit einem Tisch Abstand zu der Frau, damit klar ist, dass ich keine Gesellschaft suche. Während ich auf meinen Kaffee warte und die ersten Gedanken von links nach rechts schiebe, wo immer noch nicht ihr Platz ist, aber so fängt man eben an, wenn das Chaos ein gewisses Ausmaß erreicht hat, fragt die Frau plötzlich: „Was ist heute für ein Tag? Dienstag?" Ich wende ihr das Gesicht zu, nicht den ganzen Körper, damit ich gleich wieder in meine Verpuppung zurückkehren kann, versuche ein distanziert-freundliches Lächeln und bestätige den Dienstag.

Sie nickt langsam. „Dienstag …", sagt sie, und: „Wenn man nicht mehr arbeitet, entgeht einem viel. Die Kinder haben auch keine Zeit. Man sollte arbeiten. Es gibt immer Arbeit." Ich nicke. Fühle ein lästiges kleines Gewissen, weil ich nicht am Schreibtisch sitze. Aber Sortieren ist ja auch Arbeit, und den Kopf sortieren kann man nicht an einem Schreibtisch, der genauso aussieht wie der Kopf von innen. „Früher mussten wir auch arbeiten. Auch die Kinder! Schuhe, Kleider, Regenschirme, das alles hat so viel gekostet." Die Frau spricht weiter mit mir, doch ihr Blick verliert sich irgendwo im Raum. Ich habe plötzlich einen Kloß im Hals, ich glaube, wegen der Regenschirme. Sie haben etwas Rührendes, diese Regenschirme, in ihrer Konkretheit.

Sie holt ihren Blick zurück, als würde sie eine Schnur aufrollen. „Es ist schön, hier zu sitzen, nicht wahr?", fragt sie, und bevor ich ehrlich ja sagen kann: „Wissen Sie, was früher in dem Haus war?" Stumm schüttele ich den Kopf. „Ich auch nicht", sagt sie. Und nach einer kurzen

Pause: „Ich hab es vergessen." Dann wandert ihr Blick wieder, diesmal zum Fenster hinaus. Eigentlich wollte ich allein sein. Was für ein Geschenk, das wollen zu können.

Der schnelle Herr K.

Der Mitarbeiter auf dem Amt heißt Herr K., und ich frage mich, ob es jetzt doch noch kompliziert wird oder, denn die Literatur erzählt ja vom Leben, gar aussichtslos. Alles, was den Antrag betrifft, fluppte bisher verdächtig. Anruf, Termin, Wartenummer. Zack. Jetzt sitze ich um fünf vor eins auf einem Plastikstuhl und schaue abwechselnd auf den Wartenummernbildschirm und ein Plakat. Zwei Erwachsene, die auf Smartphones starren, sind darauf und ein Kind, das mich anstarrt. Als ich könne ich etwas dafür. „Wann haben Sie das letzte Mal mit Ihrem Kind gesprochen?", fragt das Plakat. „Vorhin", erzähle ich stumm Richtung starrendes Kind. Meins ist krank zu Hause. Aber nicht krank genug zum Stillsein. Es hat mich so lange gelöchert, was ein Jugendamt ist und was ich da mache, dass ich mich jetzt fühle wie einer der *Molecule Men*, nur in weiblich. Und ich habe geantwortet. Das alles erzähle ich dem Plakatkind, aber es guckt weiter vorwurfsvoll.

„Haben Sie einen Termin?" Wo kommt denn der Mann jetzt her? Ich nicke und will erklären, dass meine Nummer noch nicht aufgerufen wurde, da sagt Herr K.: „Dann kommen Sie mal rein." In einer einzigen Bewegung wieselt er hinter seinen Tisch, weist mir meinen Platz zu und dreht sich mit derart schwungvoller Freude in seinen Stuhl, als habe er ihn heute erst geschenkt bekommen. „WaskannichfürSietun?" Der schnelle Singsang, in dem Herr K. spricht, wird auch im Folgenden alle Sätze in lange Wörter verwandeln.

Den Antrag hat Herr K. mir quasi aus der Hand gezupft, bevor ich ihn aus der Tasche geholt habe. Wann immer ich eine Frage stellen will, unterbricht er mich mit „DasistalleskeinProblemdasmachenwirschon" und strahlt wie sein Hemd. Das Hemd ist so weiß, dass die gängigen Komposita „blütenweiß" oder „schneeweiß" schwächeln. Es ist weiß wie eine Skipiste in der Mittagssonne. Weiß wie Waschmittelwerbunghemden. Ich vergesse meine Kinderstube und gucke ständig auf seinen Kragen, statt ihm beim Sprechen in die Augen zu sehen. Bei meinen *Versuchen* zu sprechen. Denn Herr K. ist und bleibt schneller als ich. Wäre er nicht so fröhlich, fände ich es unhöflich, dass er mich ständig unterbricht. Aber wenn einer einen immer so anleuchtet, als fände er nichts wundervoller, als jetzt gerade in diesem Moment drehstuhlwirbelnd Papiere zu bearbeiten, kann man ihm ja nichts verübeln.

Außerdem witscht sein Blick so schnell zwischen Bildschirm, den Blättern auf dem Tisch, die sich wie durch Zauberhand vermehrt haben, und mir hin und her, dass Augenblicke wirklich nur augenblicksweise möglich wären. „DiekönnenSieeinfachnachsendenalleskeinProblem" singsangt er, „perMailalsFaxodermitderPostwieSiewollen". Und sagt noch, dass ich mir Zeit lassen könne. Er habe genug zu tun. Dabei zeigt er strahlend auf einen Stapel Papier.

In zwei Jahren muss ich noch mal hin zur weiteren Bearbeitung des Antrags. Herr K. ist bestimmt schon dort. Hinübergeritten auf einem hemdweißen superschnellen Ausnahmeamtsschimmel.

Heldinnen

Es ist nicht schön, von vielen Menschen als Welle oder Woge, als Ansturm oder Flut zu sprechen. Sie sind dann nur noch eine Masse, keine Einzelmenschen mehr. Wenn aber eine Kitagruppe die Straßenbahn entert, dann passt einfach kein anderes Wort. Klar: Sämtliche dieser kleinen Bürger sind Individuen. Aber zusammen sind sie ... eine krachbunte, laute, die Ordnung eines Straßenbahninneren kurzfristig außer Kraft setzende Welle. Woge. Ein Sturm. Zwanzig sind es bestimmt, wenn nicht mehr, in zwei Gruppen, die da einsteigen. Ach was, reinschwappen. Sie tragen dicke Jacken, lustige Mützen und winzige Rucksäcke in allen Farben, und sie reden alle gleichzeitig. Vorne und hinten, jedenfalls zu Beginn des Einstiegs, Erzieherinnen, die das Ein-Meter-Volk mit Rufen und Armbewegungen zusammenhalten wie Hirten ihre Herde. Allerdings sind Schafe ruhiger.

Wo die ganzen Kinder sitzen sollen, ist schnell geklärt. Es sind nämlich keine Plätze frei. Zwar verlassen einige andere Fahrgäste ihre Sitze und wandern ab, in den hinteren Teil der Tram. Trotzdem müssen viele Kinder stehen. Die Erzieherinnen verteilen sie an die niedrigen Haltestangen, und da stehen sie dann, die Rotznasen an die Scheiben gedrückt, und kommentieren das Geschehen draußen. Bei jedem Ruck der Bahn wankt die ganze Schlange erst zurück und dann nach vorne. Das finden die meisten irre komisch, in das Gequatsche mischt sich Gelächter. Als der Fahrer eine Vollbremsung macht, fallen alle um. Nacheinander, wie Dominosteine. Aus der Schlange wird ein Haufen, zum Glück sind alle gut gepolstert. Tränen fließen keine, aber ein Riesendurcheinander entsteht beim Aufstehen, Rucksäcke, Beine, Handschuhe an Schnüren verhaken sich trotz der Handreichungen der Erzieherinnen. Wegen deren Gelassenheit und weil die Kinder immer noch lachen, wagen auch andere Fahrgäste ein Grinsen. Diejenigen, die vorher ihre Plätze verlassen haben, weil es ihnen zu laut war, haben das Schauspiel verpasst. Selber schuld.

Am Bahnhof Friedrichstraße steigen alle aus. Zwei Türen weiter auch die andere Gruppe. Der Bahnsteig ist eng und matschig. Zu eng für eine Kinder-Woge, zu matschig für so einen Bewegungssturm. Aber in null Komma nichts haben die Hirtinnen die Herde in eine Reihe dirigiert. Geordneter Abgang. Erzieherinnen sind Heldinnen.

Mozzarella Firefox

Widerwillig bin ich hingegangen. Fast ein bisschen auf Krawall gebürstet, weil ich sicher war, dass man mich mit Herablassung behandeln würde. So wie früher im Baumarkt, als da noch nicht so viele Frauen arbeiteten, sondern nur die Herren Fachleute, jeder Blick ein „Lassen Sie es doch gleich bleiben. Das kann ja nichts werden. Können Sie überhaupt einen Dübel von einer Schraube unterscheiden?" So in der Art stellte ich mir die Begegnung in der PC-Werkstatt vor. Irgendein schlecht frisierter Nerd wird mich empfangen und mir, innerlich die Augen verdrehend, Begriffe um die Ohren hauen, von denen er weiß, dass ich sie sowieso nicht verstehe.

So weit, so voraussehbar. Ich drücke die Tür auf. Der Raum ist klein und kahl, ein paar Stühle, an der Wand ein Fernseher. Es läuft eine Tierdoku. Der Mann hinter der Ladentheke ist überhaupt kein Technikbübchen, eher der Typ Tankwart oder Bauarbeiter. Breite Schultern, Tattoo, freundlicher Blick. Ungekämmt ist er auch nicht, denn er hat keine Haare. Als ich hereinkomme, hört er sich gerade die Klagen einer alten Dame an, die winzig wirkt vor ihm. Das Notebook, das Mucken macht, steht aufgeklappt zwischen dem großen Mann und der kleinen Frau, mit dem Finger zeigt sie auf den Bildschirm und sagt: „Und dann habe ich wie immer auf Mozzarella Firefox geklickt. Es hat aber nicht funktioniert." Die Kundin, die in der Ecke wartet, fiept hinter ihrer Zeitung. Auch in meiner Kehle drängt ein Prusten nach oben. Der Computerspezialist hat sich besser im Griff. Sein Amüsement huscht kaum sichtbar nur durch seinen Blick, den er weiterhin aufmerksam der Kundin widmet. Dann wiederholt er ihren Satz als Frage (wie es einem geraten wird, wenn Kinder etwas falsch sagen), statt sie zu korrigieren: „Sie haben also auf Mozilla Firefox geklickt und es hat sich nicht geöffnet?" „Ja", sagt die Frau. „Ich nehme immer Mozzarella Firefox. Es gab noch nie Probleme." Ratlos zuckt sie mit den Schultern und sieht ihn bittend an. „Können Sie mir helfen?"

„Ja, bestimmt", sagt der Mann, lächelt die alte Dame an und dreht das Gerät so, dass er die Tastatur vor sich hat. „Lassen Sie mich mal schauen, was da los ist." Er klingt wie ein gütiger Arzt. Ich denke, dass der Browser ja tatsächlich ähnlich heißt wie der italienische Weichkäse. Und dass ich meine Vorurteile genauso hätschele wie die Baumarkt-Chauvis.

Die richtigen Worte

Zuerst hört man nur die Musik. Scheppernder Pop aus einem Smartphone. Etliche Fahrgäste verdrehen die Augen, doch niemand sagt etwas. Womöglich wegen der Erscheinung der Besitzerin. Sie ist imposant und kommt locker auf 1,90 Meter, mehrere Schichten grell gemusterten Stoffes umhüllen ihre Leibesfülle, viele bunte Ketten hängen um ihren kurzen, dicken Hals. Ihre Haare sind kurz, dottergelb, der große Mund hellrot bemalt. Überhaupt ist sie stark geschminkt. Ihr dunkles Gesicht sieht aus wie eine Maske.

Ohne Anlass fängt sie an zu schreien. Man versteht nicht alles, ihr Deutsch ist brüchig, ihre Stimme überschlägt sich. Adressatin ihrer Beschimpfungen ist eine adrette ältere Dame mit kleinem Hund. Die hatte einen missbilligenden Blick Richtung der Zornigen geschickt, wegen der Musik. Schnell wird klar, dass diese irgendwie alle Anwesenden anschreit. Sie schimpft auf die Deutschen und das System, erkennt „Bitches", „blöde Omas" und „Arschlöcher" unter uns, die Afrika „kaputt machen", und wechselt während eines Stroms gurgelnder Laute plötzlich das Thema. Jetzt ruft sie wie eine Predigerin, den Arm emporgereckt, man müsse mehr Sprachen sprechen, Deutsch, Französisch, Italienisch, Spanisch, „alle Sprachen der Welt". Und: „Jeden Tag duschen, morgens und abends, Montag bis Sonntag." Sie verstummt.

Nicht nur ich muss mir jetzt ein Lachen verkneifen. Der Mann, der mir gegenübersitzt, kneift die Lippen zusammen, auf der anderen Seite des Ganges zucken die Schultern einer Frau hinter einem Buch. In vielen Gesichtern scheint Erleichterung auf, als ob der Beweis der Verrücktheit gefehlt habe, die Gewissheit, dass sie nicht uns meint in ihrem Zorn. Das wird noch offensichtlicher, als sie an der nächsten Station einen einsteigenden Mann als neues Ziel erspäht. Der hatte sie nicht mal angesehen. Die Beschimpfungen ähneln den vorherigen, doch der Ton ist verändert. Ihre Augen schwimmen nun in Tränen, ihre Stimme, immer noch sehr laut, bekommt etwas Klagendes. „Weißt du", ruft sie, „ich habe ein Kind geboren. Aber ich darf es nicht sehen. Darf meinen Sohn nicht sehen." Sie schluchzt. Jetzt lacht keiner mehr. Bedrückung füllt den Waggon wie graue Watte. Eine junge Frau nimmt die Sonnenbrille ab, richtet den Blick auf die Weinende und sagt: „Das ist bestimmt sehr schwer für Sie." Ihr warmer Ton lässt diese aufschauen: „Ja, Schwester." Nach einer kurzen Pause: „Aber jetzt gehe ich in die Kirche, Gospel singen. Das mache ich gern." „Das ist gut", sagt die andere, lächelt, und setzt die Sonnenbrille wieder auf.

Die Afrikanerin beginnt zu singen. „Halleluja" von Leonard Cohen, ein wenig kipplig, aber ihre Stimme, gerade noch von Wut und Hass verzerrt, klingt jetzt voll und stark. Das war doch jetzt ein kleines Wunder, denke ich, während ich erfolglos versuche, den Kloß im Hals wegzuatmen. Das Wunder der richtigen Worte im richtigen Moment.

Der vierte Moment

Schon auf dem Weg bekommt man eine Ahnung von der Stille später. Das Vorher trägt Abendfarben, Nachthimmelblau, Straßenlaternengelb, Scheinwerferweiß, und geht von denen aus, den Klang besuchen. In dunklen Wintermänteln gehen sie allein, zu zweit und in Gruppen und sprechen nur leise oder gar nicht. Das hat nichts Bedrücktes oder Trostloses, im Gegenteil. Auf den Gesichtern liegt festliche Erwartung. Eine Karawane der Vorfreude bewegt sich hier Richtung Philharmonie, langsam und zielgerichtet. Lichtgewimmel und Verkehrslärm können ihr nichts anhaben, dieser Gemeinschaft von Fremden mit gleichem Ziel.

An der Garderobe wird das Dunkle abgegeben. Die Kälte ließ man draußen. Im Glanz der tausend Lampen wirkt sogar das viele Schwarz der Anzüge lebensfroh. Mitgekommen durch die großen Türen und an den Kartenabreißern vorbei – auch sie tragen Schwarz – ist die Zurückhaltung im Ton. Zwar wird überall gesprochen, man blättert raschelnd im Programmheft, lässt die Gläser klingen, doch alles leise. Schluckt der Raum die Geräusche? Oder machen die Besucher instinktiv Platz für das, was kommt? Schaffen maximal Raum für die Musik in ihren Ohren, Herzen, Köpfen?

Jedes Mal, wenn ich ein Konzert besuche, fällt sie mir auf. Die Ruhe, die auch das Vorher bestimmt. Still ist es nicht, das wird später kommen, aber die Atmosphäre auf dem Weg, im Foyer – schmeckt wie ein Aperitif zur Musik, vor allem aber zu den Momenten, in denen das Orchester schweigt. Kurz bevor der Dirigent den Wink zum Beginnen gibt. Zwischen den Akten, zwischen zwei Tönen. Und nach dem letzten. Der erste Moment ist winzig – noch ein Hüsteln hier, ein Scharren dort – und gespannt wie eine Leine. Die beiden nächsten nennt man Pausen, als wären diese Sekunden und Bruchteile davon ein Nichts zwischen dem Eigentlichen. Dabei wäre das vermeintlich Eigentliche nichts ohne sie. Musik ohne Stille ist ein Mono-Ton. Lärm.

Im vierten Moment bleibt die Zeit stehen. Von jetzt auf gleich verstummen alle Instrumente. Egal, ob ein donnerndes Finale oder leise Töne den Schluss bilden, ich kann mich nicht satthören an dem Augenblick. Er klingt jedes Mal wie nie gehört. Ein Riesensaal voller Menschen und Klangkörper – und mit einem Wink ist alles still. In einem Film würde ich draußen die Autos, Bahnen und Busse anhalten lassen. Die bewegten Lichtreklamen. Die Passanten, den Pinkelstrahl eines Hundes, eine herumwehende Tüte. Nur so lange, bis der Applaus einsetzt. Er ist eine Erlösung, obwohl oder gerade weil die Starre so besonders war.

Es gibt viele Orte in der Stadt, an denen man die Stille finden kann. Kirchen. Museen. Einige Parks im Winter. Friedhöfe. Doch diese ganz besondere, in der einer dasteht und mit seinen Händen die Zeit kurz anhält, ich glaube, die gibt es nur im Konzerthaus. Sie klingt in ihrer kleinen Ewigkeit wie ein Musikstück, das noch niemand notiert hat, das aber alle im Ohr behalten, auch wenn sie es nur ein einziges Mal gehört haben. Riesig und zerbrechlich wie es ist, würde es vermutlich auch kaputt gehen, in Zeilen gezwängt.

Das Licht im Flur

Eben noch leuchtete das Fenster so richtig eigelb. Wegen der Vorhänge. Gemütlich sah das aus und passte gut zum Schein der Straßenlaternen, zum Novemberlaub, zu Kerzen und anderem Gelichter aus den Lokalen. Dort ist man noch wach, klingelt mit Gläsern und Worten, während die Barfrauen und Kellner Getränke und Speisen durch den Abend tragen und auch so manchen Gast.

Vor allem in den Bars gibt es sie ja, die schon recht früh alleine sitzen am Tresen, einen Kaffee oder ein Bier vor sich, und mit ihren lauten Gedanken schweigend nicht allein sein wollen. Es ist acht Uhr.

Wie anders in den Etagen darüber. Es ist nicht das erste Verlöschen eines Lichts, das ich auf meinem Weg die Straße entlang sehe. Eine sehr normale Innenstadtstraße, unten Läden und Restaurants, oben Wohnungen. Keine Ausgehmeile, aber noch Verkehr. Fußgänger, einzeln und in Trüppchen, Autos, Radfahrer, mittlerweile mit Mützen und schon seit Stunden mit Licht, die meisten jedenfalls. Hier und da ein Hund. Vier oder fünf Fenster habe ich bereits dunkel werden sehen oder zumindest dunkler. Im gerade noch gelben bleibt ein schwacher Schein zurück. Eine Nachtlampe, diese jojogroßen Teile, die man direkt in die Steckdose steckt, um der Schwärze im Kinderzimmer das Totale auszutreiben, kann es nicht sein. Ihr Licht würde es nicht durchs Fenster und bis zur Straße schaffen. Es wird die Flurbeleuchtung sein. Durch die halboffene Zimmertür.

Das Flurlicht ist viel mehr als ein elektrischer Leuchtkörper. Das Flurlicht sagt: Du bist nicht allein. Die anderen sind in der Nähe und noch wach. Irgendwie hört man doch auch deren Stimmen und Abendgeräusche aus den entfernteren Räumen besser, als wenn es dunkel wäre. Das Flurlicht und die Stimmen und das familiäre Geklapper sind Geschütze gegen das Gefühl der Verlassenheit. Wie die gedimmten Lampen, die Kerzen und die Gespräche der anderen in den Kneipen so manchem Erwachsenen. Ich stelle mir vor, wie in tausenden Zimmern in der Stadt in diesem Moment das Licht ausgeht und der Ruf „Tür auflassen!" ertönt. Nicht, weil der Wunsch nicht bekannt wäre. Sondern den Ritualen folgend. Ich stelle mir vor, wie viele Geschichten gerade zu Ende gelesen oder mit einem Lesezeichen zwischen den Seiten unterbrochen werden bis zum nächsten Tag. Wie viele Stofftiere noch mal zurechtgerückt oder etwas fester in die Armbeuge geklemmt werden. Ich stelle mir die aberwitzig vielen Gläser Wasser vor, nach denen verlangt wird. Immer kurz vor dem Schlafen, immer. Wie viele Lieder gesungen werden und Küsse auf Haaren und Wangen und Nasen landen. Wie oft der kleine, wichtige Satz „Gute Nacht" gesagt wird.

Mir gefällt der Gedanke, dass zu einer bestimmten Uhrzeit überall in der Stadt, so verschieden ihre Gegenden, ihr Ton, ihre Sprachen und Gewohnheiten sonst sind, das Gleiche oder zumindest Ähnliches geschieht. Hoffe, dass der Wunsch nach Wasser und Flurlicht an möglichst vielen Orten erhört wird. Weiß, dass viele ohne Kuss und Geschichte schlafen müssen. Bin kurz traurig. Da geht das gelbe Licht noch einmal an.

Babylon Berlin

Gegen Heißhunger auf Pommes kann man nichts machen außer Pommes essen. Die Schlange in der Imbissbude ist lang. Der Mann ganz vorne wird gefragt, welche Sauce er auf seinen Hähnchen-Döner möchte. „Wie, Hähnchen? Ich wollte Kalbfleisch" sagt er, doch der Mann hinter der Theke ist sich sicher, dass der andere „Hähnchen-Döner" gesagt habe. Beifälliges Nicken in der Schlange. Mehrere Kunden können es bezeugen: Eindeutig sei das Wort „Hähnchen" gefallen. „Nein. Mädchen-Döner habe ich gesagt, Määädchen-Döner. Mit Kalbfleisch", stellt der kollektiv Missverstandene jetzt richtig und ist ein bisschen genervt. Hinter der Theke hingegen herrscht belustigte Irritation. „Was ist denn Mädchen-Döner?", fragt einer der Mitarbeiter. Auch ich überlege. Ohne Fleisch? Kleiner, also eine Art Kinder-Döner? Ohne Soße? Ich prüfe gerade, ob ich den Ausdruck diskriminierend finden soll, schließlich gibt es ja auch männliche Vegetarier, Männer, die Angst haben zu kleckern, zierliche Männer mit kleinem Hunger und Mädchen mit Riesenappetit, da erklärt der Kunde, jetzt regelrecht ungehalten: „Na, mit wenig Fleisch. Das weiß doch jeder!"

Die vielen geschüttelten Köpfe in der Schlange erzählen das Gegenteil. Niemand im Raum weiß offenbar, was ein Mädchen-Döner ist. Wusste, bis eben. Der Mann hinter dem Tresen fängt an, das Gewünschte – wenig Kalbfleisch, viel Salat – in eine neue Brottasche zu füllen, und murmelt dabei ebenfalls kopfschüttelnd, aber eher amüsiert als genervt, das Wort Mädchen-Döner vor sich hin. Der Wartende legt nach: „Meine Freundin kauft den hier auch und kriegt immer das Richtige." Hinten in der Reihe ruft jemand: „Vielleicht weil sie ein Mädchen ist", und findet sich selber sehr witzig.

Meine Pommes sind fertig. Der Verkäufer fragt, ob Ketchup oder Mayo, und ich muss an meine ersten Wochen in Berlin denken. Da stand ich einmal pommesheißhungrig am Currywurst-Stand auf dem Mehringdamm. „Mit oder ohne?", bellte die rotwangige Verkäuferin mit den kräftigen Armen einem verschreckten Touristen entgegen. Der stammelte: „Mit oder ohne was?" Auch ich fragte mich, was sie meint, Ketchup oder Gabel oder gar Currywurst ohne Curry, da dröhnte das „Darm! Mit oder ohne Darm!" zu uns herüber. Ich dachte: Darm ist ein komisches Wort vor dem Essen. Speicherte es aber ab. Weil sich, anders als jetzt bei der Mädchen-Döner-Szene, niemand sichtbar wunderte, war klar: Das muss man wissen.

Der Mädchen-Döner-Mann verlässt die Bude mit Beutel und konsterniertem Gesicht. „Zum Mitnehmen oder Hieressen?", dekliniert der Mitarbeiter mit meiner Pommes in der Hand das typische Imbisstheken-Gespräch weiter durch. „Zum Mitnehmen", sage ich. „Tüte?" „Nein, danke." Er reicht mir die Pappschale herüber, zieht jedoch auf halbem Weg die Hand wieder zurück. „Auch keine Mädchen-Tüte?" Breiter kann ein Grinsen nicht sein. Gegen Sprachverwirrung kann man nichts machen. Man kann nur lachen und lernen.

Stulle mit Ei

Der Zug fährt nicht los und keiner weiß, warum. Alle sind drin, der Bahnsteig gähnt. Die angekündigte Abfahrtszeit auf der Anzeigentafel ist lange vorüber. Das Paar am Nebentisch kümmert es nicht. Sie machen es sich nett. Bestimmt gehören sie zu den Leuten, die immer gleich am Anfang der Fahrt essen. Nicht nur, wenn der Zug nicht losfährt. Der Rucksack, den die Frau auszupacken beginnt, ist nämlich einer von denen, aus denen man viel mehr rausholen kann als reinpassen dürfte. Rein optisch. Ein Zugmahlzeitprofirucksack. Wer so einen hat, nimmt die Sache ernst, und das bedeutet auch, dass man in Ruhe isst. Auch wenn man nur bis Wolfsburg fährt. Die Frau holt heraus: Bananen, Apfelschnitze in einer Tupperdose, Blechkuchen mit Streuseln drauf, bereits geschnitten, auch in einer Tupperdose, in Butterbrotpapier gewickelte

Stullen, ein Glas Würstchen, Eier. Natürlich Eier. Ältere Ehepaare im Zug essen immer Eier. Ich habe noch nie ein Ehepaar im Zug eine größere Mahlzeit verzehren sehen ohne Ei-Gang. Als ob es Teil des Ehegelübdes sei, ab einem gewissen Alter, sagen wir: Ende 50, Eier im Zug zu essen. Obwohl sie riechen. Das Ei ist der Tramdöner des ICE.

Nachdem sie alles malerisch auf dem Tisch arrangiert hat, folgen Gedeck und Getränk. Besteck, abwaschbare Plastikteller, zwei Becher. Eine Thermoskanne. Und natürlich Küchenkrepp. Richtig gefaltet geht das als Serviette durch, und die Frau hat es drauf, das Falten. Als habe sie gewusst, wann der Zug sich in Bewegung setzt, kann pünktlich mit dem sanften Rucken die Mahlzeit beginnen. „Guten Appetit, mein Lieber", sagt sie und wickelt eines der Brote aus. „Lass es dir schmecken." Er greift nach einer Küchenkreppserviette und legt sie säuberlich über seine Oberschenkel. „Du auch, Herz." Dann wird gegessen.

Lange sagen sie nichts. Nicht, weil sie sich nichts zu sagen hätten, glaube ich. Sondern weil sie jetzt eben erst einmal essen. Es ist ein routiniertes Schweigen, ein Schweigen, das zur Zugmahlzeit gehört wie das Ei. Das er übrigens im Ganzen isst, indem er mit spitzem Mund kleine Stücke abbeißt, sie hingegen geschnitten, auf dem Käsebrot. Als er fertig ist, nimmt er die Serviette von seinem Schoß und tupft sich den Mund ab. Ein Dotterkrümel widersetzt sich der Säuberung und bleibt im Bart hängen. „Schatz. Tupf noch mal ... nein, die andere Seite ... ja, jetzt ist er weg." Sie lächelt wie jemand, der das häufig sagen muss und es gerne tut. Er fragt: „Was war es denn? Wieder der Dotter, wie immer? Wie damals?"

„Ja", sagt sie. „Wie immer. Wie damals." Der Blick, den die beiden danach austauschen, hat etwas Verschwörerisches. Sie denken beide an dasselbe, das ist offensichtlich. Und sie denken gerne daran. Liebe ist, wenn ein Dotterkrümel im Bart eine beglückende Erinnerung ist.

Gehen. Einfach gehen

Eigentlich dürfte das gar nicht funktionieren. Eigentlich müssten sie mehr umkippen und liegen als laufen. So kurze Beine, und auch noch krumm. Weiter oben dann viel zu viel Oberkörper, oft mit Kugelbauch voll Milch und Brei und Brötchen, und dann der große Kopf. Dass sehr kleine Kinder irgendwann aufstehen und losgehen, ist ein Wunder. Dass sie nur ab und zu hinfallen. Wie dieses, das im Monbijoupark auf der Nase liegt und das typische „Weine-ich-jetzt-oder-spar-ich-mir-das-weil-mir-ja-gar-nichts-wehtut"-Gesicht macht. Es entscheidet sich für die zweite Option. Rappelt sich auf und wackelt wieder los, leicht nach vorn gebeugt, quer durch die Liegenden, Sitzenden, Spazierenden.

Die ganze Stadt scheint draußen zu sein. Ich stelle mir vor, dass alle Wohnungen leer sind, alle. Alle Büros, alle Museen, alle Kinos und alle Hotels. Gähnende Räume im Gewimmel. Es sind so viele Menschen im Park und auf der Straße und am Spreeufer, dass man den Park und die Straße und das Spreeufer gar nicht mehr sieht. Das tut gut. Über dem Tag lag eine Traurigkeit, ein Abschied, schwere Gedanken. Jetzt, unter all diesen Menschen, schwirren sie davon wie aufgeschreckte Vögel. Es kommt nämlich hinzu: Die Schönheit des

Sommerabendhimmels ist eine einzige Unverschämt-
heit. Die Luft schmeckt nach Pfirsich und Rotwein, und
das Bode-Museum hinter der kitschig glitzernden Spree
wirkt noch ein wenig stolzer als sonst. Wie schön darf
ein Abend eigentlich sein, ohne dass er in die Kategorie
„total übertriebener Unfug" fällt?

Weil das alles noch nicht reicht, tanzen sie ja auch noch.
Viele Paare swingen auf der Tanzfläche der Strandbar,
Könner und Anfänger, Paare und Freundinnen, Männer
mit Frauen und Frauen mit Frauen und ein Männerpaar
sehe ich auch. Viele der Zuschauer ringsherum wippen
mit den Füßen, es geht ja auch gar nicht anders, wer bei
Swing nicht wippt, ist taub.

„Tanzen?", fragt der kugelige Mann, nassgeschwitzt
ist er und hat ein freundliches Gesicht. „Ich kann keinen
Swing", sage ich, obwohl ich Lust habe. Aber irgendwie
passt das nicht, ich war doch traurig den ganzen Tag, und
jetzt einfach so aus ihm raustanzen? „Klar kannst du",
sagt er. „Du musst nur gehen, einfach gehen."

Und dann gehen wir. Immer wenn ich stolpere oder
zögere, sagt er: „Gehen. Einfach gehen." Und es geht. Es
ist so leicht und macht so Spaß, dass mir klar wird: Man
darf nicht nur aus so einem Tag raustanzen, man muss
sogar. Und: „Gehen. Einfach gehen" ist ein gutes Motto.
Fürs Leben an sich. Die Kinder wissen das, und deswegen können sie einfach so loslaufen auf ihren krummen
Beinen, und es funktioniert.

Hingesehen, Hingehört

Nach Hause fahren

Der junge Mann neben der Haltestelle lässt sich nicht beirren. Nicht von den an- und abfahrenden Bussen, nicht vom kalten Nieselregen, der das Geglitzer auf dem Ku'damm verschwimmen lässt, und nicht von den Menschen. Das Megafon in seiner Hand verdeckt fast sein ganzes Gesicht und ist das einzig optisch Auffällige an ihm. Ansonsten: bartloses Gesicht unter einer blauen Mütze, Jeans, grüne Jacke, Schnürschuhe. Ein junger Mann eben, Mitte, Ende 20.

Aber ein junger Mann mit Botschaft. Von Weitem habe ich sie nicht verstanden, jetzt, aus der Nähe, höre ich die Worte „Jesus" und „Gott" und „Menschen" aus der Flüstertüte plockern. Ganz klar, der Mann predigt. Seine Rede hat nichts Eiferndes, er klingt eher, als spräche er zu sich selbst, wäre da nicht der Verstärker, der die Worte hinausschickt in den frühen Abend. Anders als andere Missionare mit ihren hochgehaltenen Blättchen und bohrenden Blicken finde ich ihn nicht unsympathisch. Wie fühlt man sich, frage ich mich, als hörbare Stimme, die keiner hört? Die Menschen tragen Tüten, Taschen und Kopfhörer, sprechen in Geräte, miteinander oder in Gedanken mit sich selbst. Ein Mädchen erklimmt einen Laternenpfahl und lässt sich von den Freundinnen fotografieren. Nirgends eine Leere, die etwas Übergeordnetes füllen müsste. Die hat erst dann ihren Auftritt, wenn die Waren ausgepackt und schon wieder alt sind. Manch ein müdes Gesicht kündet schon davon.

Durch die geschlossenen Türen hört man ihn immer noch. Kurz. Abgelöst wird seine gedämpfte Rede vom Schnauben des anfahrenden Busses und zwei singenden

Kindern. Die Mutter sitzt ihnen gegenüber, sichtbar abgekämpft. Sie ermahnt das Mädchen und den Jungen, etwas leiser zu sein. Kurz darauf sind beide eingeschlafen, Kopf an Schulter. Eine alte Dame mit silberblauen Löckchen und Rollator sieht aus, als würde sie es ihnen gerne nachtun. Immer wieder klappt ihr Kopf zur Seite. Hoffentlich hat sie es nicht mehr weit, denke ich und muss aussteigen. Zoo. Hier mischen sich unter die Einkäufer und Bummler viele, in deren Taschen keine neu erworbenen Kurzseligkeiten sind. Sie sitzen, schlurfen und schleppen sich, einige torkeln, und in den Tüten tragen sie alles, was sie besitzen. Weil ich wenigstens einigen etwas geben will, aber keine Münzen habe, betrete ich eine Bäckerei. Die Verkäuferin will gerade beginnen, den umfangreichen Einkauf des Kunden vor mir in die Kasse einzugeben, da sagt der mit einer ausladenden Geste in meine Richtung: „Lassen Sie die Dame ruhig vor. Sie will bestimmt nach Hause." Ich winke ab: „Nö. Da komme ich her!" Doch der vergnügte Mann mit der beklecksten Hose möchte offenbar etwas Gutes tun. „Dann lassen sie eben die andere Dame vor." Ich hatte gar nicht bemerkt, dass hinter mir eine weitere Kundin den Laden betreten hatte. Der Mann fügt hinzu: „Ich meine, irgendjemand will doch immer nach Hause."

Wieder draußen, in der Hand ein Croissant und Kleingeld in der Tasche, denke ich an die schlafenden Kinder und die müde Mutter, die Frau mit dem Rollator, die Leute mit den Tüten und Taschen und den jungen Mann mit seiner Botschaft. Ich sehe die Menschen mit den anderen Tüten, die heute nirgends mehr hinfahren, und nicke. Ja, irgendwer will immer nach Hause. Und irgendwo ist immer einer, der keines hat.

Diese Wut

Dicht gedrängt stehen die Menschen auf der Rolltreppe. Die halbe S-Bahn ist am Bahnhof Friedrichstraße ausgestiegen. Gerade denke ich, wie erstaunlich es eigentlich ist, dass die Massen immer so friedlich und gelassen durch diese Nadelöhre kommen, da steigt mir ein Geruch in die Nase. Auch andere verziehen das Gesicht, drehen die Köpfe, die Quelle suchend. Es ist der Geruch der Heimatlosigkeit. Der Geruch derer, die ganz unten leben. Es ist der Geruch, der daran erinnert, dass Bahnhöfe für viele Menschen keine Durchgangsorte sind. Für zu viele. Man hat ihn häufig in der Nase an diesen heißen Tagen, aber auch an den kalten, nassen. Man hat ihn zu häufig in der Nase.

Auch ich drehe mich um, ganz automatisch. Sehe einen schmalen, bestürzend jungen Mann. Ich sehe, dass er weiß, wie er riecht. Er hält den Kopf gesenkt, macht sich klein, als ob er unsichtbar werden möchte. Seine Scham ist quälend. „VERPISS DICH!", schreit plötzlich jemand. Und noch einmal: „VERPISS DICH!" Und ehe die Hoffnung aufkeimen könnte, es handele sich um einen Streit zwischen Halbstarken, legt er nach: „Du oller Penner! Du STINKST! VERPISS DICH!"

Der Schreihals steht zwei Stufen hinter dem Obdachlosen, sein Kopf unter den fast weißen, stacheligen Haaren ist krebsrot. Neben ihm tippt ein Mädchen, engelhaft schmal, lange dunkle Haare, etwas in ihr Handy. Sie sieht kurz auf und streichelt seinen Arm. „Nicht doch, Roman", sagt sie zärtlich. Dann tippt sie weiter. Roman aber denkt nicht ans Aufhören. „Verpiss dich endlich!" Der Gemeinte macht sich noch kleiner. „Entschuldigung", sagt er. Und wieder: „Entschuldigung."

Die Menschen auf der Rolltreppe winden sich. Nicht länger wegen des Geruchs, sondern wegen der Demütigung, die sie sehen. „Hören Sie doch auf!", ertönt es von irgendwo, und: „Lassen Sie ihn doch in Ruhe!" Die Stimmen klingen zögerlich. Alle haben Angst. Es ist zu eng auf der Treppe für eine solche Wut. Zum Glück stehen Menschen zwischen dem Rasenden und seinem Opfer. Dennoch.

Oben angekommen sehe ich den jungen Mann hinkend davoneilen. Auch der Wüterich stampft davon, in die andere Richtung und immer noch vor sich hin fluchend. Seine Freundin rennt hinter ihm her: „Roman, Roman, warte doch, Roman!", ruft sie und hakt sich bei ihm ein, als sie ihn erreicht. Verächtliche Blicke folgen den beiden, Erschrecken bleibt zurück, aber auch Erleichterung.

Draußen auf der Straße dreht sich unter einem Berg Decken jemand um. Jemand stöhnt. Ein Schlafsack raschelt. Es ist einer von vielen. Wir haben keinen Grund, erleichtert zu sein.

Aufbruch und Niedergang

Emsigkeit, das ist das richtige Wort. Ich muss eine Weile im inneren Wörterbuch blättern, bis ich den Begriff finde, der die Atmosphäre an diesem Dienstag um halb zehn am Maybachufer genau trifft. Bis auf einen dick Eingemummelten, der den Morgenmöwen Brotkrumen zuwirft – sie danken es ihm mit großem Geschrei und schlagartiger Vermehrung –, haben alle viel zu tun und tun es. Januarfest verpackt wie der Vogelfreund schichten die Händler und Händlerinnen Stoffballen zu Gebirgen, türmen

Auberginen und Mandarinen, schleppen Artischocken-Paletten und Kisten voller Küchenhelfer. Man trinkt Tee und Kaffee aus Thermoskannen, „Hallo" und „Salam aleikum", „Günaydın" und „Guten Morgen" klingt es hier und da, viel mehr wird nicht gesprochen. Der Sound der Emsigkeit ist ein Summen, das man mehr spürt als hört. Es gleicht der Stille, wie man sie vom Frühstück mit Schulkindern kennt. Die tauchen nur wenig später ins große Geschnatter vor der ersten Stunde ein und vergessen darüber die Müdigkeit. Hier, auf dem Markt, kann man sich eine Stunde später auch kaum mehr vorstellen, dass kurz zuvor fast stumme Geschäftigkeit herrschte.

Geräusche begleiten sein Erwachen dennoch: Leere Kisten landen scheppernd auf anderen leeren Kisten. Jemand kippt mit großem Gepladder Olivenwasser in den Gully. Lieferwagen fahren an und weg. Nur auf den ersten Blick wirkt das Treiben wie ein gehöriges Durcheinander. Sieht man länger zu, erkennt man eine Choreografie, der alle Mitwirkenden mit der Routine derer folgen, die an einem bestimmten Tag zu einer bestimmten Zeit die immer gleichen Handgriffe tun. Wie der Mann, der einen wuchtigen Handkarren im Slalom über die Pflastersteine zieht. Der Wagen schaukelt bedenklich, was er transportiert, kann ich nicht sehen, eine schmutzige Plane bedeckt die mitschaukelnde Ladung. Auf der Plane thront ein Paar Moon Boots. Ins Büro nehmen Menschen im Winter Schuhe mit, in denen sie nicht schwitzen, und verstauen die Stiefel im Schrank. Hier ist es andersherum. Irgendwie stimmt mich der Gedanke vergnügt. Wie all das Gesehene. Geschäftigkeit macht munter.

Ein paar Meter weiter und tiefer in der Erde, im U-Bahnhof Schönleinstraße, ist der Tag um halb zehn irgendwie schon vorbei. Wie eigentlich zu jeder Uhrzeit. Natürlich warten auch hier einige Menschen, die wach sind und wohin wollen. Vor allem aber sehe und rieche ich Müll, Urin, Niedergang. Ein paar Männer wickeln mit zusammengesteckten Köpfen Geschäfte ab. Welcher Art, davon erzählt stumm der mit dem fahlen Gesicht auf der Bank. Sein Frühstück besteht aus dem Pulver, das er gerade mit zitternden Fingern in die Nase zieht. Ein anderer taumelt mit glasigem Blick die schmierigen Stufen hinauf. Aufbruch, Emsigkeit, Summen, all diese Begriffe von oben klingen hier unten wie Wörter einer anderen Sprache. Licht und Schatten einer Stadt, Tanz und vorletztes Zucken, Morgengrüße und Verstummen: An Orten wie hier, Kottbusser Damm, Ecke Maybachufer, treffen sie sich, und man will, erschöpft schon am Vormittag, Möwe sein.

Freundlichkeit kostet nichts

Die letzten Münzen gebe ich der Trommlerin am Hamburger Hauptbahnhof. Angezogen wie viele andere von der Kraft ihrer Schläge, die man selbst von Weitem nicht nur hört, sondern spüren kann, im Brustkorb. Wumm! Wumm! Bähm-Bähm-Bähm! Dagga-dagga-dagga-dagga-dang! Was für eine Energie. Ihr Gesicht bleibt völlig unbewegt, während sie spielt, als ob sie alle Konzentration für die Drums braucht und also keine Ressourcen hat für so etwas wie Mimik. Doch gerade von dieser nach innen gekehrten Diszipliniertheit geht etwas Hypnotisches aus, sodass ich um ein Haar die baldige Abfahrt des Zuges vergesse. Es kostet mich Überwindung, das Kleingeld in die Mütze zu werfen und zu gehen. Ich muss ihr alles geben, eine Art Entschuldigung vor mir selbst, dass ich nicht länger zuhöre.

Der Obdachlose, der mich kurz darauf bittend ansieht, hat das Nachsehen, nickt aber müde ein „schon o.k." oder so. Immerhin besitzt der Mann ohne Feuerzeug, der wortreich erklärt, wann und wo er seines wohl verloren habe, jetzt wieder eins. Ich hatte zwei. Er hält es im Weggehen jubelnd hoch wie einen Pokal oder als hätte ich ihm 100 Euro geschenkt. Aus dem Augenwinkel sehe ich, wie er kurz darauf einem Rollstuhlfahrer die Zigarette anzündet. Der sagt irgendwas, worauf ihn der Mann, dem jetzt mein Feuerzeug gehört, in die Schulter boxt. Der Rollifahrer boxt zurück. Gibt es eigentlich einen Film, der komplett am Bahnhof spielt? So einen Episodenfilm, in Echtzeit?

Ankunft Berlin. Von meiner Trommelwirbelstimmung ist nicht viel übrig. Irgendwas war mit der Klimaanlage los, der Kopf drückt von innen an die Augen und ich fühle mich erschöpft, als wäre ich die ganze Strecke gelaufen und nicht läppische zwei Stunden Zug gefahren. Der *Motz*-Verkäufer, der auf mich zusteuert, kann dafür nichts, trotzdem fällt mein Kopfschütteln abweisender aus, als ich es beabsichtige. „Eine kleine Spende für die Obdachlosen?", fragt er, mein mürrisches Selbstmitleid weise ignorierend und mit einem Grinsen, in dem jeder zweite Zahn fehlt. Alles an ihm ist rund und knubbelig. Die Statur. Die rote Nase. Der Kopf und der Bommel auf der Mütze. „Tut mir leid, ich hab leider …" stammle ich, da wird sein Grinsen breiter: „Eine große Spende?" Wieder will ich zu Erklärungen ansetzen, wieder ist er schneller: „Oder ein bisschen flirten? Das kostet nichts." Er sagt das derart kokett, dass ich lachen muss, Kopfweh hin oder her. Dann darf ich endlich loswerden, dass und warum ich kein Kleingeld habe. Er schüttelt seinen Bowlingkugelkopf, tätschelt onkelig meine Schulter und ruft: „Hey, so war das doch nicht gemeint. Hauptsache, die Leute sind freundlich, oder? Freundlichkeit ist doch das, was zählt, oder? Das Einzige, oder? Gute Fahrt! Und lass dich nicht von der Bahn ärgern!" Im Weggehen dreht er sich noch einmal um und winkt. Wie soll man sich nach so viel knubbeliger Freundlichkeit ärgern. Und sie kostet nicht mal was.

Tage, die alles verändern

Kein Stein bleibt auf dem anderen, und was gestern galt, ist morgen schon Vergangenheit. Binsen? Sicher. Doch können diese Wahrheiten eine ungeahnte Wucht entfalten, wenn man sie am eigenen Leib erfährt. Wenn ein Tag alles verändert. Den Blick. Das Denken. Das Empfinden. Für immer. Im Jahr 2015 habe ich einen Tag in der Bahnhofsmission verbracht. Es war das Jahr, in dem manche Leute sich darin gefielen, das Elend der einen gegen das der anderen auszuspielen. Sie zusätzlich zu demütigen, indem sie die Erniedrigten zu Spielbällen ihrer Missgunst machten. Viele Menschen aus vielen Ländern kamen damals zu uns und erhielten Schutz. „Wir haben doch selbst genug Armut." „Wieso bekommen die Betten und Essen und unsere Obdachlosen müssen hungern und frieren." So schallte es. Plötzlich waren die immer Ignorierten „unsere Obdachlosen".

Die Obdachlosen kümmerte das Geschrei nicht. Sie hatten andere Sorgen. In einer Schlange standen sie bei 40 Grad in der Jebensstraße und warteten auf ihre Essensmarken. Ich verteilte Wasser, freundliche Blicke und aufmunternde Worte. Staunte über riesige Schuhe und schluckte beim Anblick eitriger Füße und faulender Zähne. Was der Mensch aushält. Über diesem Zug des Elends ragten die Glitzertürme der City West. Das Rascheln der Einkaufstüten am Ku'damm konnte man förmlich hören. Trotzdem war es, als ob ich mit wachsender Routine unter einer Glocke hantierte und sprach. Am Abend hatte ich müde Beine, eine schwer gezauste Seele und mehr als jemals zuvor das Gefühl, jede Minute des Tages etwas Sinnvolles getan zu haben.

Die Glocke entpuppte sich als Illusion. Alles war eins. Zurückgekehrt in mein Leben, musste ich merken, dass ich die Jebensstraße mitgenommen hatte. Nichts hatte ich dort gelassen. Keinen Tropfen Schweiß und Blut. Keinen Hauch Fäulnis. Stattdessen raunzte ich das Kind an, weil es am Abendessen herumnörgelte. So verletzend, dass es zu weinen begann. Doch was wusste es schon? Ich fiel in eine Schlucht zwischen dem Erlebten und meinem Leben. Und wusste schon an diesem Abend, dass ich nicht würde zurückkehren können. Nicht aus Feigheit oder Bequemlichkeit. Sondern weil ich kein weiteres Mal den Kindern ein Schrecknis überstülpen wollte, für das sie nichts können. Für das ich sie sensibilisieren will, das schon. Aber Horrorszenarien am Esstisch sind der falsche Weg zu Mitgefühl und Demut. Traurig nahm ich also leise Abschied. Die Scham sollte mich lange nicht verlassen, wider das Wissen, dass die Entscheidung vorerst richtig war. Ich werde diese Arbeit ja fortsetzen. Wenn die Zeit gekommen ist. Und bis dahin habe ich immer Münzen in der Tasche und bringe Wäsche zur Stadtmission. Winzigkeiten, deren Hilflosigkeit mich verrückt macht.

Was geblieben ist außer den Bildern, Gerüchen und Geräuschen: Dankbarkeit. Nicht nur für meinen Reichtum. Nicht nur für die Erinnerung an herzerwärmende Situationen. Sondern für den wachen Blick, den mir dieser Tag im Jahr 2015 geschenkt hat. Vorher gehörte auch ich zu denen, die viel zu oft an den Gestrandeten vorbeilaufen und, oft aus verständlichem Selbstschutz, Nase und Augen verschließen. Es gibt Grenzen des Aushaltbaren. Jeder hat andere. Meine sind sehr weit geworden. Wie gut.

Elende und Erniedrigte

Licht und Schatten am Maybachufer. Emsigkeit des Marktaufbaus oben, drogenverseuchter Niedergang unten, am U-Bahnhof Schönleinstraße. Der nicht tatenlos hingenommen wird: Häufig sieht man Polizisten oder Security-Leute auf dem Bahnsteig. So ist es auch an dem Morgen, an dem ich ein weiteres Mal die Stufen hinabsteige. Schon oben höre ich laute Stimmen. Wem sie gelten, erkenne ich wenige Augenblicke später.

Ein Mann mit Bierflasche, zotteliger Mähne, verfilztem Bart und mehr in Fetzen als in Kleidung gehüllt schlingert mir entgegen. Unten stehen drei Mitarbeiter eines Sicherheitsdienstes, zwei Männer und eine Frau. Die Frau ruft dem Betrunkenen hinterher: „Dann puller doch in dein Wohnzimmer!" Ich höre Verachtung in ihrer Stimme, aber auch Selbstzufriedenheit. Wegen der erfolgreichen Vertreibung? Oder weil sie ihren Spruch für sehr gelungen, gar witzig hält? Der Mann kämpft sich indes weiter die Treppen hoch, lallt Unverständliches, zwischendurch den Satz: „Manchmal kann man es eben nicht halten."

Mitleid erfasst mich, das vertraute Bahnhofsgefühl der Ohnmacht und – Wut. Wie eine Wand beim Freistoß stehen die drei Uniformierten am Treppenabsatz und schauen dem Mann hinterher. Der in Kürze in die Hose urinieren wird oder an eine Straßenecke. Denn eine Toilette gibt es oben nicht, in ein Café wird er keinen Einlass bekommen und ein eigenes WC hat er nicht. Schon gar kein Wohnzimmer. Jeder kann das sehen. Auch die Frau vom Sicherheitsdienst. Warum also hat sie das gesagt? Ich weiß nicht, was sich vor meinem Eintreffen abgespielt hat. Doch selbst wenn der Mann sich im Ton vergriffen hat, gehört es nicht zu den Aufgaben von Security-Mitarbeiterinnen, auf Aggression nicht mit Gegenaggression zu reagieren? Anders gefragt: Würde man jemanden, der auf Fehlverhalten mit verbalem Nachtreten reagiert, für die Sicherheit in einer Schule oder einem Hotel einsetzen?

Dass Uniformierte Elende davon abhalten müssen, sich auf Bahnsteigen zu erleichtern, und die Elenden anschließend nass und stinkend weiterziehen müssen, gehört zur traurigen Realität dieser an widerstreitenden Bedürfnissen so vollen Stadt inmitten dieses reichen Landes. Einer Stadt, in der Konflikte und Probleme toben, deren augenscheinliche Unlösbarkeit einen manchmal um den Verstand bringt. Auch ich will mir nicht die Nase zuhalten müssen und bin allen dankbar, die sich um Sauberkeit und Sicherheit kümmern. Ein schwerer Job. Ich will aber auch nicht, dass dieser Mann in die Hose pinkeln muss. Vor allem jedoch will ich nicht, dass Menschen in sauberen Kleidern und mit eigenen Toiletten und Wohnzimmern solche Menschen demütigen, die all das nicht haben. Kein Einzelner kann etwas für deren Situation, kein Einzelner kann sie ändern. Wovon ich aber zutiefst überzeugt bin: Dass jeder Einzelne darauf achten kann, wie er mit anderen spricht. Auch und gerade mit denen, die nicht mehr besitzen als ihre Würde und eine Flasche Bier.

Schlimme Jobs

Rosenthaler Platz, Bahnsteig der U8. Die blondierte Frau, krasser Modeschmuck, unauffällig gekleidet, scheint bereits kontrolliert worden zu sein. Jedenfalls sagt sie das immer wieder und dass sie neun Jahre im Ausland gewesen sei. Jetzt, wohnungslos und ohne Papiere, müsse sie in sieben Minuten bei ihrem Osteopathen sein. Das alles sagt sie, mit anschwellender Stimme, zu einem jungen Kontrolleur, der sich in rührender Weise um Autorität bemüht. Lediglich das Zittern der Hand verrät seine wachsende Unsicherheit. Ein Scheißland sei dieses Deutschland, feuert sie ihm um die Ohren. Jeder Ausländer habe hier eine Wohnung, aber sie nicht. „Fuck Deutschland!" Beifall heischend dreht sie sich einmal um die Achse, ihr wehender Schal eine Fahne des Triumphs. Den will ihr jedoch keiner der Anwesenden gönnen. Man dreht sich weg oder bekundet auf andere Weise Desinteresse. Nähern will sich niemand. „Fuck Deutschland!" wiederholt die Frau. Sagt's und stürmt Richtung Treppe. Der Junge schaut ihr verdutzt hinterher. Dann ruft er seinen Kollegen an.

Mir tun beide leid, die Frau in ihrem giftigen Hass, der Kontrolleur, weil er tut, was er tun muss. Was für ein schlimmer Job, denke ich. Wie all die Tätigkeiten, bei denen man zugewandt bleiben muss, mindestens aber neutral, obwohl man immer nervt. Es gibt eine ganze Reihe davon. Politiker. Polizistin. Türsteher. Schiedsrichterin. Oder diese jungen Leute, die auf den Straßen und Plätzen unsere Ohren und Herzen öffnen wollen für eine bessere Welt. Für den Kinderschutz. Den Naturschutz. Für eine bessere Betreuung von Opfern häuslicher Gewalt. Sie werben in ihren bunten Westen und mit wedelnden Händen, mit bittendem Blick und mit Flyern für alles, was uns wichtig ist. Nur nicht gerade in diesem Moment. Und auch nicht im nächsten. Wir wedeln ebenfalls, mit den Händen und einem falschen Lächeln. Die Zeit, die Zeit.

Auch ich tue das. Wedeln, lächeln, gehen. Je nach Tagesform einfach nur froh, dass ich nicht für eine bessere Welt werben muss, und voller Scham darüber, dass ich so wenig dafür tue – oder reichlich genervt. Was für eine Selbstherrlichkeit liegt in diesem Augenrollen. Und anders als die blonde Frau ohne Heim und Personalausweis habe ich nicht einmal triftige Gründe für meine Gereiztheit. Ich verordne mir ein weiteres Mal etwas mehr Demut und Gelassenheit und denke an den freundlichen jungen Kontrolleur.

Die einzige Antwort

Die Schlange an der Leergutrückgabe wird immer länger. Eine alte Dame hat Unmengen von Flaschen dabei. Einen ganzen Einkaufswagen voll. „Die trinkt aber viel", sagt das Kind. „Ich glaube nicht, dass die Flaschen alle von ihr sind", sage ich, ohne nachzudenken. „Woher hat sie denn die Flaschen dann?" Ich verfluche innerlich meine Gedankenlosigkeit. Das ist echt der falsche Ort für das Endlos-Frage-Antwort-Spiel, das nun zwangsläufig beginnen wird. „Sie wird sie eingesammelt haben. Im Park oder so." Für einen kurzen Moment gebe ich mich der naiven Hoffnung hin, das würde dem Kind reichen. „Warum?", kommt es verlässlich. „Na, weil man Geld dafür bekommt. Das weißt du doch." Das Kind denkt nach. „Bekommt sie keine Rente? Wie die

Oma?" Warum die Oma nicht arbeitet, aber trotzdem Geld bekommt, darüber hatten wir uns einige Wochen vorher unterhalten.

„Doch, bestimmt. Aber vielleicht reicht die Rente nicht." Ich spüre die Blicke der anderen in der Schlange. Kein Wunder. Ich finde Erklär-mir-die-Welt-Gespräche zwischen Eltern und Kindern auch sauspannend. Wenn ich nur zuhören darf. Oder in Ruhe, beim Spazierengehen oder beim Abendessen. Aber nicht an der Leergutrücknahme.

„Dann hat sie nicht genug gearbeitet?" Das Kind hatte offenbar aufmerksam zugehört. „Das muss nicht sein", murmele ich. „Ich erklär es dir später, gut?" Die Frau ist fertig und lässt sich den Bon aushändigen. Das Kind starrt ihrem gebeugten Rücken nach und hinter seiner Stirn arbeitet es. „Willst du einen Saft aussuchen?", frage ich. Es flitzt los. Aufträge funktionieren fast immer. Wenn sie nichts mit Putzen zu tun haben.

Ein paar Tage später sehen wir im Park einen Mann, der sich tief über den Rand eines Abfallkorbes beugt. Anlass der akrobatischen Aktion, für die er viel zu alt ist, sind natürlich ein paar Flaschen, die er nun nacheinander herausfischt und in eine Ikea-Tasche packt. „Guck Mama, der hat auch nicht genug Rente, oder." Das ist keine Frage, sondern eine Feststellung. „Mhm", mache ich und versuche, Antworten zu finden auf die echten Fragen, die folgen werden. „Wenn man aber doch gearbeitet hat, bekommt man Rente. Wie Oma. So hast du das gesagt. Warum muss die nicht Flaschen sammeln und der schon und die andere Frau, du weißt schon, die von neulich?" Puh. Der Blick des Kindes ist eine einzige Erwartung. Es will Klärung. Antworten. „Bei manchen reicht eben die Rente und bei anderen nicht." Schwach, ganz schwach. „Aber das ist doch ungerecht." „Ja." Das ist nicht die Antwort, die es hören wollte. Ja ist manchmal gar keine Antwort. Und trotzdem die einzige.

Auf der anderen Seite

Wenn man am S-Bahnhof Wollankstraße auf dem Bahnsteig steht, schaut man auf der einen Seite Richtung Wedding und auf der anderen Richtung Pankow. Zwei Teile einer Stadt und, je tiefer man schaut, zwei Städte. Wie an vielen Schneisen Berlins, verändert sich die Umgebung mit jedem Meter mehr und entfernt sich in ihrem Wesen von der auf der anderen Seite. Auf der Weddingseite wird die Stadt türkischer, auf der Pankower teurer. Es gibt aber noch eine zweite Linie. Es ist die Wollankstraße selbst, kurz vor dem Bahnhof, von Pankow aus gesehen. „Glossy Nails" lockt ein Schild, „Schöner hausen" das daneben. „Happy Lahore" heißt das Lokal noch ein Haus weiter. Ich mag diese Dreierkombination, sie hat so etwas Sorgloses. Es gibt viel glanzvollere Ladenzeilen in der Stadt, aber wie dieses „Glossy" und „Happy" das nach Höhle-Bauen, gepflegter Unordnung und Kuscheln klingende „Hausen" umrahmen, übt verlässlich einen Reiz auf mich aus. Viel mehr als jeder Luxus. Es sagt: Alles ist normal. Es geht uns gut.

Auf der anderen Seite, wo ich stehe, ist eine Bushaltestelle. Hinter ihr, auf einer Gehwegkante, die herbstlich schütter gewordene Hecke im Rücken, sitzen zwei Männer in der kraftlosen Mittagssonne und reden nicht. Beide verkörpern das menschgewordene Gegenteil von glossy, happy und hausen. Ihre verfilzten Haare und Bärte lassen darauf schließen, dass sie nirgends und überall wohnen oder in einer Unterführung. Ihre Finger sind knotig, die Nägel gelb, die Kleidung ist schmutzig. Schuhe trägt nur einer von beiden. Vor dem anderen liegen zwei Schweineschnitzel, roh, in einer von Cellophan umspannten Styroporschale. Der quietschorangene Aufkleber weist das Fleisch als Sonderangebot aus. Vermutlich wegen des Verfallsdatums. Die Herbstsonne, die, nicht mehr brutzelnd, aber immer noch warm, darauf scheint, wird es nicht weiter hinausschieben. Aber besser als nichts, wird sich derjenige gedacht haben, der es dorthin gelegt hat. Und das wird sich auch der Mann ohne Schuhe denken.

Besser als nichts. Steht wie eine Überschrift an dieser Bushaltestelle. Die bucklige Frau, die sich jetzt nähert, trägt wenigstens Socken. Eine weitere schlurft in zu großen Badeschlappen heran. In den Bus steigt nur sie ein. Die Bucklige bleibt einfach stehen. Ich sehe sie an, sehe hinüber zu der Happy-Glossy-Schöner-Hausen-Reihe, drehe mich um und sehe das Gebäude, aus dem die Anwesenden alle kommen. Es ist die Suppenküche des Franziskanerklosters, seit der Nachwendezeit wird dort den Ärmsten der Armen Essen, Kleidung, Fürsorge gegeben. Denn alles, auch die kleinste Hilfe, ist besser als nichts. An manchen Orten in der Stadt knallen das Oben und das Unten, Glossy Nails und erloschener Glanz, Happy Food und altes Fleisch so derart aufeinander, dass einem mit einem flüchtigen Rundumblick klar wird: Die Stadtteilgrenzen zerteilen die Stadt in Welten. Und diese Orte, die ihre Gräben, ihre Risse und Narben zeigen. Die Wollankstraße, kurz vor dem Bahnhof, ist so ein Ort. Ein Ort, an dem man denkt: Alles ist zu viel. Wenig ist besser als nichts. Aber es ist nicht genug.

Die Macht der inneren Stimme

Am Stuttgarter Platz liegt ein Mann mitten auf dem Bürgersteig. Neben dem Reglosen steht eine Bierflasche, eine gefüllte Plastiktüte vervollständigt das Bild, das auf bestürzende Weise ein alltägliches ist. Dennoch ist der Freundin und mir unbehaglich. Warum hat er sein Lager nicht an der Wand aufgeschlagen? Er hat ja nicht mal ein Lager. Er liegt einfach da. Und alle gehen an ihm vorbei. Die wenigsten bedenken ihn wenigstens mit einem kurzen Blick, viele telefonieren oder sind in Gedanken. Auch diese Szenerie kennt man. Menschen, die auf Trottoirs liegen, gehören zum Straßenbild wie Bäume und Kippen. Vorsichtig beugen wir uns herab und sprechen ihn an. Er reagiert nicht. Doch erleichtert hören wir ihn schnarchen. Es gibt Momente, in denen das ein sehr schönes Geräusch ist. Eines, das von Leben kündet. Von Normalität, wenn auch von einer furchtbaren. Das Geräusch im Ohr, gehen wir weiter, erzählen einander von anderen Begegnungen dieser Art, reden über Unsicherheit und Ängste. Was wie grassierende Gleichgültigkeit daherkommt ist ja häufig Furcht. Vor Abwehr, vor Aggression. Und ja, vor der Not.

Später am Tag werde ich Zeugin einer berührenden Szene. Ein alter Mann, der ebenfalls ärmlich wirkt, legt dem anderen einen Fünf-Euro-Schein in die ausgestreckte Hand. Die anfängliche Fassungslosigkeit in der Miene des Beschenkten weicht nur langsam einem Blick, mit dem man den Begriff „Dankbarkeit" illustrieren könnte. Die beiden wechseln ein paar Worte und gehen dann ihrer Wege. Mich hält ein Gedanke fest: Am Hamburger Hauptbahnhof habe ich mal einer Frau einen Euro gegeben. Kurz darauf stand sie in demselben Geschäft wie ich. Obstsalat gab es dort, Müsli und Säfte. Nichts für einen Euro. Ich hatte noch mehr Münzen. Eine Stimme in mir forderte mich auf, die Frau zu fragen, ob ich ihr etwas kaufen dürfe. Oder ihr einfach noch einen weiteren Euro zu geben. Ich tat es nicht. Warum, weiß ich nicht. Geiz war nicht der Grund. Hatte ich Angst, sie zu beschämen? War es Schüchternheit? Die blauen Beulen auf ihren Beinen schreckten mich ebenso wenig wie die schmutzigen Haare des Mannes am Stuttgarter Platz. An diesem Vormittag war ich meinem Impuls gefolgt. Hamburg oder Berlin, das sollte einerlei sein. Wenn es dafür einen Beweis bräuchte, es wäre der Blick des Mannes, der einen Fünf-Euro-Schein bekam.

So viele Bilder

Die Schlange in der Bankfiliale bewegt sich seit geraumer Zeit nicht. Das Kind und ich stehen vorne und kennen den Grund. Ein dünner Mann am Service-Tresen hat Schwierigkeiten, der Mitarbeiterin sein Anliegen klarzumachen. Sie versucht mit einer Freundlichkeit, die den Vorraum mitwärmt, herauszufinden, was den Kunden bekümmert. Innerlich wedele ich etwas von der Wärme nach hinten, auf dass keine Unruhe entstehen möge. Blicke besorgt auf das Kind, das zwar vor einem Lego-Store zum Stoiker werden kann, aber womöglich nicht, wenn es nur um eine Einzahlung geht. Doch es starrt, das gesparte Taschengeld fest an die Brust gedrückt, völlig gebannt auf den Boden ein paar Meter weiter. Nun sehe ich es auch: Der Mann trägt keine Schuhe. Auch die Strümpfe sind fadenscheinig, aus einem guckt ein Zeh. Hinter der kindlichen

Stirn arbeitet es. Die Gefühle, die ich in den Augen sehe, wechseln so schnell die Plätze, dass sie aussehen wie ein einziges großes Knäuel. Ein vertrautes Knäuel. Skepsis ist darin verwoben mit Verwunderung und auch Amüsement. Eine kleine Furcht steckt darin und Mitleid. Und im Kern des Knäuels formieren sich Fragen, alte und neue.

Armut war schon oft Thema, dieses Mal dreht sich das anschließende Gespräch um die Frage, warum ein Mensch ohne Schuhe ein Bankkonto hat. Wir sind mittendrin, als wir an einer Kreuzung aus der Tram steigen. Beim Überqueren der Gleise kommt uns ein zotteliger Mann im Krankenhausnachthemd entgegen, er trägt es falsch herum, und immer wieder klafft es auf. Über der Schulter trägt er eine prall gefüllte Plastiktasche. Die stellt er auf dem Mittelstreifen ab, und weil ich denke, dass er sich gleich erleichtert, drehe ich mich weg. Als ich wieder hinsehe, pflückt er ganz versunken gelbe Blumen aus der Mittelstreifenwiese. Wieder große Augen beim Kind, und dieses Mal ist es ganz still. Ich muss schlucken.

Der Teenager, früher ein unruhiger Nachtarbeiter und wilder Träumer, schläft heute, gestählt von 17 Jahren Tanz der Bilder, meist turbulenzenfrei. Das kleinere Kind hingegen findet oft schwer in den Schlaf. Viele Erlebnisse in seiner Welt finden ihren Weg zwischen die Stofftiere, aber eben auch Licht und Schatten der Stadt. Apropos: Die Flurlampe muss anbleiben. An diesem Abend erinnert mich ihr milder Glanz ein wenig an gelbe Blumen auf dem Mittelstreifen. Und daran, dass Licht und Schatten zusammengehören wie Bankkunden ohne Schuhe und die wachen Fragen eines Kindes.

Gestatten Sie …?

Auf meinem Schreibtisch liegen viele Zeitungsausrisse und Zettel. Zwei Stücke Papier suche ich, als ich nach Hause komme. Der Tag hat mich durch die ganze Stadt geschickt, da schnappt man viel Gespräch auf. Kuriose Dialoge, Intimitäten und Erregung satt. An diesem Tag habe ich sehr viel Geschimpfe über Politiker gehört. So viel, dass man den Eindruck bekommt, keiner von „denen" macht irgendetwas richtig. Im Gegenteil. Eigentlich müssten alle sofort abtreten. Bloß: Wer macht die Arbeit dann? All die Erzürnten sicher nicht. Die meisten Abgeordneten im Berliner Abgeordnetenhaus, habe ich mal gelesen, arbeiten 70 bis 80 Stunden die Woche. Anlass der Berichterstattung war der Zusammenbruch zweier Politiker. Was ich mir aber noch belastender vorstelle als Nachtsitzungen und Entscheidungen zwischen Pest und Cholera: Dass diese, so wie jeder Satz, den sie sagen oder nicht sagen, von Millionen Menschen bewertet werden. Und zwar selten wohlwollend.

Fehlentscheidungen verdienen Kritik, Skandale Empörung. Ich verzweifle selbst oft am Handeln und noch öfter am Nichthandeln derer „da oben". Doch dann denke ich daran, dass – mit dunkelblauen bis braunen Ausnahmen – in den meisten dieser Abgeordneten, Ministerinnen, der Kanzlerin und den Bürgermeistern Menschen stecken, die Tag für Tag das Beste wollen fürs Land, für die Welt, für alle. Was nur scheitern kann, um das zu wissen, muss man nicht regieren. Ich stelle mir vor, in meiner Familie würde jeder misslungene Spagat zwischen widerstreitenden Interessen mit Spott und Verachtung quittiert. Oder mit Hass. Laut einer Umfrage hatten 64 Prozent von 2 500 befragten Bürgermeisterinnen und Bürgermeistern hierzulande schon unter Bedrohungen und Gewalt zu leiden. Ein Drittel von ihnen will sich nicht wiederwählen lassen. Die bemerkenswertere Nachricht ist, dass zwei Drittel weitermachen wollen. Trotzdem.

Die Leute, die ich an diesem Tag habe reden hören, sahen nicht aus wie Menschen, die spucken oder Scheiße vor Haustüren kippen. Ich glaube aber, es gibt einen Zusammenhang zwischen dem Gefühl bei den Hetzern und Gewalttätigen, das zu dürfen, und dem Ton, in dem über Mandatsträger gesprochen wird. Das macht mir Angst, denn wenn eine solch schwierige Arbeit so gering geschätzt wird, machen sie bald nur noch die, an denen alles abprallt, weil sie selber gerne poltern.

Die zwei Papiere, die ich suche, sind: ein Artikel, in dem ein Journalist erklärt, warum Verkehrsplanung und die Umsetzung der Pläne manchmal dauert, und um Verständnis wirbt, und ein Zettel, auf dem ich mir einmal die zwei Worte „Gestatten Sie …" notiert habe. Ein Mann bat mich im Konzert auf diese Weise aufzustehen und ihn vorbeizulassen. Beides hat mich froh gemacht und soll mich an diesem Tag voller Ungnädigkeit trösten. Doch genau besehen sind die Papierfetzen traurige Zeugnisse. Habe ich sie doch aufgehoben, weil mich die öffentlich geäußerte Nachsicht und die ausgesuchte Höflichkeit so überrascht haben.

Fassen Sie mich nicht an!

Es ist meistens nicht der Mann, der einem nachts folgt, auf leerer Straße. Oder der im Park plötzlich aus dem Gebüsch springt. Im Falle der Tochter einer Freundin passierte es am Nachmittag. Sie, ich nenne sie hier Laura, denn so heißen viele Mädchen, und vielen, viel zu vielen passiert so etwas, Laura fährt U-Bahn. Die Bahn ist nicht überfüllt, aber auch nicht gerade leer. Laura setzt sich in einen Vierer ans Fenster, streckt die Beine aus und vertieft sich in ihre WhatsApp-Nachrichten. Plötzlich spürt sie etwas an ihrem Bein. Es ist der Fuß des Mannes, der ihr schräg gegenübersitzt. Mittelalt, „so wie Mama", sagt Laura später. „Graue Haare". Da müssen wir beide lachen. Da kann sie wieder lachen.

Verstört zieht Laura die Beine an und drückt sich enger an die Wand. Der Mann zieht seinen Fuß zurück. Kurze Zeit später beugt er sich nach vorne und legt die Hand an Lauras Bein, knapp oberhalb des Knies, an die Innenseite ihres Oberschenkels. Laura springt hoch, baut sich vor dem Mann auf und schreit: „Fassen Sie mich nicht an, ich bin 13 Jahre alt!" Sie habe gar nicht nachgedacht, das kam aus dem Bauch heraus, sagt Laura später.

Hier könnte die Geschichte fast zu Ende sein, denn der Rest ist schnell erzählt. Andere Fahrgäste werden aufmerksam, zwei treten gleich hinzu. Auch zwei Mitarbeiter der BVG sind zufällig im selben U-Bahnwagen. Sie nehmen den Mann zwischen sich, legen ihn auf den Boden und halten ihn dort fest bis zur nächsten Station. Dort steigen alle aus, die BVG-Leute mit dem mittelalten Mann, der eine 13-Jährige angefasst hat, ich nenne ihn hier (und überall) Widerling, denn das ist er. In Gedanken gebe ich ihm und allen anderen, die 13-Jährige anfassen, schlimmere Namen. Die Zeugen. Und Laura.

Am Bahnsteig wartet man auf die Polizei, die bald darauf eintrifft. Laura und die Zeugen berichten, was geschehen ist, und dann bringen zwei der Beamten Laura nach Hause. Im Auto muss sie weinen. Obwohl doch alles so gut ausgegangen ist, sagt sie. Der eine Zeuge habe sogar zu ihr gesagt: „Wenn die Sicherheitsbeamten nicht gekommen wären, hätte ich den Typen aus dem Fenster geworfen." Das, und dass alle so schnell reagiert hätten, habe sie sehr getröstet, ihr Sicherheit gegeben, Mut gemacht. Trotzdem musste sie weinen, und da habe sie sich schon geschämt. Sagt Laura.

Und deswegen ist die Geschichte hier nicht zu Ende. Laura haben mittlerweile so viele Menschen, auch ich, gesagt, dass es keinen Grund gibt, sich zu schämen, dass sie das weiß. Dass sie, im Gegenteil, sehr stolz auf sich sein kann. Weil sie alles richtig gemacht hat und sehr mutig war. Dass ihr Verhalten anderen Mut machen wird. Dass sie ein Vorbild ist. Weil viel zu viele Mädchen und Frauen nicht aufstehen und schreien. Sondern sich schon vorher schämen. Und später schweigen. Aus Angst, verständlicher, aber fataler Angst vor den Widerlingen da draußen. Aus Angst, allein gelassen zu werden, weil man ihnen nicht glaubt. Viele Widerlinge können deshalb einfach so weitermachen. Und keiner merkt es. Bei diesem war es anders. Dank Laura.

Zwei wichtige Sätze

Vor ein paar Monaten schrieb ich einen Text über ein mutiges Mädchen: Laura. Laura wurde in der U-Bahn von einem Mann belästigt. Er legte seine Hand an ihren Oberschenkel. Laura sprang auf und schrie: „Fassen Sie mich nicht an, ich bin 13 Jahre alt!" Fahrgäste kamen herbei, BVG-Sicherheitsleute überwältigten den Mann, die Polizei brachte Laura nach Hause. Im Auto musste sie weinen. Dafür schämte sie sich. Kurz. An die Stelle der Scham trat ein anderes Gefühl: Stolz.

Die Reaktionen auf die Geschichte waren überwältigend. Viele Menschen haben mich auf Laura angesprochen. Eine Leserin berichtete mir, sie habe ihren Töchtern den Text zu lesen gegeben. Hunderte schrieben Kommentare in den sozialen Netzwerken. Besonders oft fiel das Wort „richtig". Laura, darin waren sich alle einig, hat alles richtig gemacht.

Der Satz „Du hast alles richtig gemacht" hat ein Geschwister bekommen. Laura und ihre Eltern haben Anzeige erstattet. Weil der Täter die daraus resultierende Klage zurückgewiesen hat, kam es zur Verhandlung. Laura musste nur für ihre Aussage in den Saal, und in der Zeit, bis sie dran war, wurde ihr in den Räumen des Opferschutzes behutsam erklärt, was sie gleich erwarte. Mehrfach fiel der Satz: „Du kannst nichts falsch machen."

Die Frau vom Opferschutz sagte Laura, es sei nicht schlimm, wenn sie sich an Details nicht erinnern könne. Oder sie sich heute anders erinnere als bei ihrer ersten Aussage. Sie sagte, dass der Richter jederzeit bestimmen könne, dass der Anwalt des Angeklagten sie nichts mehr fragen darf. Sie sagte: „Du musst dich vor nichts fürchten." Und noch einmal: „Du kannst nichts falsch machen." Es ist so viel drin in dem Satz: *Dir* wurde etwas angetan, nicht andersherum. Es ist an ihm, glaubwürdig zu sein. Er muss sich schämen, nicht du. Er hat etwas zu befürchten, nicht du. Weil du alles richtig gemacht hast.

Wir waren nur wenige Minuten im Saal. Laura musste nicht mehr aussagen, der Angeklagte hatte die Tat gestanden. Der Richter fragte sie, ob sie anhören wolle, was er ihr zu sagen habe. Laura willigte ein. Er sagte, mit gesenktem Kopf: „Es tut mir leid, was ich getan habe. Ich hätte das nicht tun dürfen." Dann sah er Laura an und fuhr fort: „Wenn ich nicht betrunken gewesen wäre, hätte ich das nie getan. Und ich habe es auch noch nie getan."

Er wirkte ehrlich. Zweifel bleiben. Aber wichtig ist doch: Dass er sich Laura und ihren Eltern stellen musste, ist mehr, als vielen anderen widerfährt. Und noch wichtiger: dass Laura ihren Frieden hat. Das Urteil, es kommt in ein paar Wochen mit der Post, interessiert sie nicht mehr. Und da es in dieser Geschichte um Laura geht, ist sie hier zu Ende. Viele andere nicht, und ich weiß, dass Verhöre und Verhandlungen auch anders ablaufen. Dass Angst berechtigt ist. Nicht aber die Scham. Denn es ist immer der Täter, der etwas falsch gemacht hat.

Besudelter Held

Über Werner Klemke, den Grafiker und Buchkünstler, Büchersammler und Professor, den Mann, der Millionen von Kindern und Erwachsenen mit Stift, Feder, Pinsel und Stichel die Welt illustrierte, gibt es folgende Anekdote. Am Antonplatz in Weißensee stieg Klemke, der keinen Führerschein hatte, in ein Taxi. Auf die Frage des Fahrers, wohin er ihn bringen solle, sagte Klemke: „Egal – bringen Sie mich irgendwohin. Ich habe überall zu tun." So erzählte es der Schriftsteller und Satiriker Lothar Kusche, ein Weggefährte Klemkes, so ist es zu lesen im Vorwort zu dem Band *Märchen von Hans Christian Andersen*, Klemkes Bilder darin, die erst aus dem Nachlass den Weg in die Öffentlichkeit fanden, gehören zum Zartesten, was ich je gesehen habe.

Er hatte überall zu tun, in der Tat. Was erst spät bekannt wurde: Während des Zweiten Weltkrieges nutzte Klemke, stationiert in Holland, seine grafischen Fähigkeiten zur Rettung von Menschenleben. Er schloss sich einer jüdischen Widerstandsgruppe an und fälschte Lebensmittelkarten und Abstammungsnachweise. Klemke selbst hat darüber nie gesprochen. Auf der Gedenktafel an dem Mietshaus in der Weißenseer Tassostraße, in dem er über 40 Jahre lebte und arbeitete, wird er deswegen nicht nur als Künstler, sondern auch als Stiller Held geehrt.

Seit dem 12. März 2017, an dem Klemke 100 Jahre alt geworden wäre, gibt es endlich auch einen Ort, der seinen Namen trägt. Eine kleine Grünanlage zwischen Parkstraße und Woelckpromenade heißt seitdem Werner-Klemke-Park, ein bescheidenes, schön gestaltetes Schild zeigt den Künstler und Helden und informiert knapp über sein Leben und Schaffen.

Weil es jedoch in dieser Stadt Menschen gibt, die mit Kunst und Fleiß, mit Achtsamkeit und Liebe, mit Gedenken und Respekt nichts anzufangen wissen, weil es Menschen gibt, die überall mit Farbe und Spraydosen Schönes verschandeln müssen, weil es Menschen gibt, die es einen Dreck schert, was ein Schild erzählt, ist diese kleine, späte Würdigung des großen Künstlers und Menschen zu einem Schandmal geworden. Keine drei Monate mussten vergehen, da ist das Schild mit schwarzer Farbe besudelt und unlesbar. Als ich das sehe, wird mir zuerst heiß vor Wut. Nichts bleibt verschont, nichts! Keine Wand, keine Bank, keine Skulptur, kein Schild. Es ist erbärmlich, unfassbar, zum Schreien. Dann werde ich traurig. Es ist doch so: Viele Menschen haben überall zu tun, schaffen unermüdlich und freudig Gutes,

Schönes oder einfach Wichtiges. Und es gibt die anderen, die nichts zu tun haben, außer zu zerstören. Es ist erbärmlich.

Allianz gegen Schmutz

Vor zwei Wochen schrieb ich einen wütenden Text. Er handelte vom wunderbaren Zeichner Werner Klemke, von einem Park, der nach ihm benannt wurde, und von einer schönen und recht neuen Informationstafel, die von Schmierfinken verschandelt wurde. Wenige Tage nach Erscheinen des Textes bekam ich eine E-Mail. Der Verfasser der Mail war der Direktor des Hotels, das sich gleich neben dem Park befindet. Er berichtete mir, dass einige Anwohner versucht hätten, das Schild zu reinigen, es aber nicht ganz sauber bekommen hätten. Noch am Vorabend habe er eine Bürgerin gesehen, die sich mit Tuch und Spiritus an den Resten abgemüht habe, jedoch vergeblich. Daraufhin, so der Direktor weiter, habe die Hotelleitung geeignete Reinigungsmittel organisiert und das Schild gründlich gesäubert. Weil jedoch zu befürchten sei, dass es erneut beschmiert würde, habe das Hotel eine Putzpatenschaft übernommen.

Die kleine Bedrückung über die – leider wohl realistische – Einschätzung, dass die Schmierfinken erneut zuschlagen, hielt nicht lange an. So groß war meine Freude über den Einsatz der Anwohner einschließlich der Hotelleitung. Mittlerweile hat der Direktor auch Kontakt zu Christine Klemke aufgenommen, der Tochter Werner Klemkes, die mit ihren Malkursen in seinem Atelier und den umliegenden Schulen mit großem Einsatz schon die Kleinsten an die Kunst heranführt. Zusammen möchte man nun dafür sorgen, dass die Infotafel mithilfe einer Schutzschicht zukünftig schwerer zu beschmutzen oder wenigstens leichter zu reinigen ist.

Einige Werke der Kinder, die Christine Klemke unterrichtet, konnte man in der Wolfdietrich-Schnurre-Bibliothek in Weißensee bewundern. Dort hielt Klemke eine berührende Rede darüber, was sie die Kinder über das Handwerk hinaus lehren möchte. Wer etwas malen will, sagte sie sinngemäß, muss es sich vorher genau ansehen. Und das, was man sich genau angesehen hat, zerstört man nicht.

Kunst als eine Schule der Achtsamkeit. Die Welt genau betrachten, bewahren und beschützen: eine Sichtweise, die denen, die schmieren und sprühen, fremd ist, aber, das zeigt der weitere Verlauf dieser kleinen Geschichte um ein einzelnes Schild, sehr vielen Menschen ganz und gar nicht. Ihnen gebührt Dank.

Was uns verbindet

Glaskugeln und Gummibälle

Nervt, nicht wahr? Wenn zwei mitten auf dem Bürgersteig stehen bleiben und eine Unterhaltung beginnen. Links Fahrräder, rechts Café-Stühle, da bleibt für diejenigen, die weitergehen wollen, nicht viel Raum. Ich gehöre nicht dazu, ich sitze und beobachte, wie die anderen Passanten das menschliche Hindernis umgehen. Einige drücken sich murrend vorbei, manch einer flucht und rempelt die beiden nicht ganz absichtslos in die Seite, wieder andere machen sich in großstädtischer Nachsicht dünn und schaffen es so ansehnlicher durch die Fuge zwischen Stühlen und Menschen. Gelassenheit macht elegant.

Die beiden, die da plaudern, sind sich, das ist offensichtlich, zufällig über den Weg gelaufen und haben sich länger nicht gesehen. Und mit der ganzen Überzeugung derer, die sich sehr freuen, beanspruchen sie den Weg jetzt für sich. Jedenfalls so lange, bis alle Fragen und Floskeln ausgetauscht sind. Wie geht's? Gut, alles schick, und bei euch? Geht so, viel los, aber wird schon, muss ja, was machen die Kinder? Waaas, schon in der Schule, na so was! Und die Arbeit? Das Übliche, ein Auf und Ab. So geht es hin, vorhersehbar, leicht, mit kleinen Berührungen geschmückt, ein Gespräch wie ein Tanz. Es ist herrlich, dabei zuzuhören und zuzuschauen. In einem Artikel in der *Zeit* las ich kürzlich den schönen Satz „Plaudern ist ein Akt kommunikativer Zärtlichkeit". Der fällt mir jetzt ein.

Der Autor verteidigte in dem Text die gepflegte Plauderei gegen den Vorwurf der Zeitverschwendung. Er hat ja so recht. Nichts gegen die gehobene Konversation. Ein paar Leute am Tisch, dazu viel Bildung und Wein und Einanderverstehen, blitzgescheite Gedanken, Schlagfer-

tigkeit, Witz: eine Wonne. Lange nannte ich diese Art
– nicht planbarer – Sternstunden „Gummiballrunden".
Weil sie sich anfühlen wie ein Spiel mit bunten Bällen,
die kreuz und quer über den Tisch fliegen. Und genauso
glücklich machen. Aber eigentlich sind es doch eher
Glaskugelgespräche. Was geworfen wird, muss gefangen
werden. Und zurückgeworfen. Die Kugeln müssen in
der Luft bleiben, denn wenn zu viele fallen, ist es vorbei
mit dem Glitzern. Nicht jeder beherrscht das Spiel, manchen liegt es in der Natur, andere üben es, wieder andere
wollen es gar nicht mitspielen.

Anders bei der Plauderei. Fallende Bälle liegen in ihrer
Natur. Sie springen weg und nehmen keinen Schaden.
Dem Vergnügen tut ihr Fehlen keinen Abbruch. Es geht
ja ums Sprechen an sich, nicht um den Inhalt. Das wahre
Gummiballspiel ist das Gespräch mitten auf dem Trottoir.

Foster Wallace lesen

Am Kiosk mit Postschalter warten drei Kunden. Die
Frau hinter der Ladentheke plaudert schon eine Weile
mit der Kundin ganz vorn, offenbar eine Kollegin. Es
geht um die Bon-Pflicht. Der Karton neben der Kasse
ist gut gefüllt. Ich erwarte, dass die Inhaberin sich gleich
ereifert, über Papierverschwendung, Mehrarbeit, all das.
„Weißt du, ich schick die alle an die Adresse, die meine
Tochter mir gegeben hat", sagt sie stattdessen. „Die hat
zwar einen an der Waffel, ist ja auch in der FDP, aber
sie will das so. Da schick ich die alle hin und dann kann
sich jemand damit auseinandersetzen." Sie wirkt gera-
dezu vergnügt bei dem Gedanken. Als gelte diese neue
Zumutung gar nicht ihr.

In der Bank hat sich vor den Automaten eine Schlange gebildet. Ein altes Ehepaar verzweifelt an einer Überweisung. Sie flüstern und streiten ein bisschen. „Ja, ist das denn die Möglichkeit", ruft sie einmal aus, die Hände zur Decke reckend. Er murmelt irgendwas. Gebückt gehen beide zu dem Tischchen, an dem sie papierne Überweisungsträger erhoffen. Es sind keine da. Das stellen sie ganz nüchtern fest. Und beschließen, am nächsten Tag wiederzukommen. Unter den Wartenden ist viel Sympathie für die beiden.

Im Blumenladen fragt ein Mann mit Stiernacken und einer Wodkaflasche unter dem Arm nach dem Preis für ein Gesteck. „Zwölf Euro", antwortet der schmächtige Blumenhändler. Der Bullige reckt den Kopf in seine Richtung und reißt die Augen auf. Ich ducke mich reflexhaft in Richtung der Rosenkübel. Erwarte Ungemach. „Zwölf Euro? Dafür kann ich ja Urlaub machen", ruft der Mann, lacht über seinen Witz, wählt ein kleineres Arrangement und nimmt einen Schluck aus seiner Pulle, während der Händler es verpackt. Dann zieht er von dannen. Ohne weitere Beschwerden. Über diese Preise. Und überhaupt alles. Liegt's am Wodka?

Oder ist das einer, der *Das hier ist Wasser* verinnerlicht hat? In der berühmten Rede von David Foster Wallace macht dieser den College-Absolventen klar, um wie vieles besser der Alltag und das (Zusammen-)Leben generell wird, wenn man sich selbst nicht immer als Mittelpunkt der Welt begreift. Zur Veranschaulichung beschreibt er einen Supermarktbesuch nach Feierabend. Samt all der „Rindviecher", die einem ständig im Weg sind, langsam, rücksichtslos und hässlich sowieso. Doch man habe, so Wallace, immer die Wahl. Wie und worüber man nachdenkt, während man zum Beispiel in der

Schlange steht oder im Stau. Oder in Berlin, füge ich innerlich hinzu, in der vollen Bahn. Oder vor der Tür einer Praxis, wo man mit 20 anderen Genervten um die Akutsprechstunde konkurriert. Auch das habe ich vor Kurzem erlebt. Mich gewundert und gefreut über den resignativen Frieden in dem kalten Treppenhaus morgens um halb acht. Einer hat alle fünf Minuten das Licht wieder angeschaltet. Der kam am Ende gar nicht zum Zuge. Doch er hatte die Wahl. Er ging ohne Getöse.

Grenzsteine der Liebe

Wie ruhig die Wohnstraßen in Weißensee am Vormittag sind. Arbeit, Schule, Kita: Fast alle sind irgendwo und machen was. Ein Paketbote klingelt vergeblich an einer Tür. Der winzige Spielplatz ist leer, bis auf ein einzelnes Kind und seine Mutter. Fast leere Spielplätze finde ich eigentlich noch trostloser als ganz leere, doch diese beiden wirken sehr vergnügt. Das Kind schaukelt und quiekt, die Mutter schubst an und freut sich.

Richtung Jüdischer Friedhof wird alles noch leiser. Als ob etwas von der ortstypischen Stille abstrahlt auf die Umgebung. Neulich las ich irgendwo, dass Vicco von Bülow und seine Frau Romi gerne auf Friedhöfen spazieren gingen. Der Mann, der für mich und so viele vor allem der Typ mit der Nudel, der Kopf hinter der Badewannenente, der Schöpfer des Kosakenzipfels ist, prüfte bei diesen Gängen, so stand es da, die Orte „auf ihre Ruhetauglichkeit". Das hat mir gefallen. Und so kommt es, dass ich an Loriot denke, während ich kurzentschlossen die Herbert-Baum-Straße entlanggehe in Richtung des eindrucksvollen Eingangsportals.

Das Ehrengrab von Herbert Baum befindet sich rechts hinter dem Eingang des riesigen Friedhofs. Der Kommunist und Widerstandskämpfer wurde nur 30 Jahre alt. Er nahm sich am 11. Juni 1942 im Gefängnis Moabit das Leben. Viele Daten und Inschriften erzählen hier von der deutschen und jüdischen Geschichte. Von den dunkelsten Jahren, unfassbarem Leid, heldenhaften und oft viel zu kurzen Leben. Andere Gräber sind sehr alt. So alt, dass sie sich mit der Natur vermischt und verwuchert haben. Ich sehe einen Grabstein, der von einem Baum in Schieflage gedrückt wurde, über ein Jahrhundert. Stamm und Stein sehen aus, als umarmten sie sich. Apropos Umarmung und Schieflage: Etliche Grabsteine haben sich einander zugeneigt, und da es oft Paare sind, die darunter begraben liegen, wirkt es, als ob sie sich aneinander lehnen. Schulter an Schulter. „Des Lebens Grenzstein aber nicht der Liebe" lese ich in einer Inschrift. Und denke darüber nach, was Friedhöfe alles sind. Letzte Ruhestätte. Orte des Abschieds und der Tränen. Erinnerer und Bewahrer. Treffpunkt für die Lebenden und die Toten. Und eben Orte der Liebe.

Wie schmal sie ist, diese steinerne Grenze. Direkt hinter den Friedhofsmauern stehen Wohnhäuser, man sieht Balkone, ahnt die Wohnzimmer dahinter, in denen wieder Leben sein wird, wenn am Nachmittag alle zurückkommen. Auf vielen Gräbern liegen frische Blumen und kleine Steine, glänzend, als seien sie gerade erst blank gerieben worden. Ich verlasse den Friedhof. Ein Bote kommt mir auf dem Fahrrad entgegen und pfeift. Vor einem Haus stoppt er und ruft „Hi!" in meine Richtung. „Hi", sage ich. Am Ende der Herbert-Baum-Straße passiere ich die Grundschule. Es ist Pause, das Gezwitscher der Kinder mischt sich mit dem der wenigen Vögel. Die Stille von eben berührt das nicht. Ist ein Ort ruhetauglich, nimmt man die Ruhe mit, stelle ich fest. Und denke über das Leben nach und den Tod und kurz noch mal an Vicco von Bülow.

Immer schön langsam

Bahnhof Friedrichstraße. Versunken und hochkonzentriert liest die Frau eine der Gedenktafeln gegenüber der Skulptur, die an die Kindertransporte zwischen 1938 und 1945 erinnert. Wie eine Touristin sieht sie nicht aus, links neben ihr steht ein Lavendel im Kübel, neben ihrem rechten Fuß hat sie volle Einkaufstüten abgestellt. Um die Lesende herum kreiselt und kreischt die Stadt, wie man sie kennt an ihren Knotenpunkten.

Ein Supermarkt in Pankow. Der neue Kassierer strahlt schon wegen seiner Leibesfülle eine gewisse Gemütlichkeit aus. Er zieht die Waren über den Scanner, als seien sie zerbrechlich. Zwischendurch liest er mal ein Etikett, mal lächelt er die Kunden an. Bis auf einen dünnen jungen Mann, der hin- und hertrippelt, als müsse er dringend auf die Toilette, und leise vor sich hin schimpft, wird niemand ungeduldig. Vielmehr scheinen die Menschen in der Schlange fasziniert zu sein von der Gemütsruhe des Mitarbeiters. Wie unter Hypnose folgen die Blicke seinen langsamen Bewegungen. Andere lassen sie schweifen, träumen sich weg.

Karl-Marx-Straße, Neukölln. Ein Mann und ein sehr kleines Kind gehen Hand in Hand Richtung Ampel. Das Kind lernt offensichtlich gerade erst zu laufen. Seine kurzen Beine sind krumm wie wilde Gurken und die Füße sind so klein, dass man sich wundert, wie man damit überhaupt auftreten kann. Nach jedem halben Meter lächelt das Kind sehr stolz zum Vater hoch. Der strahlt zurück, dann hebt er den Kopf und blickt sich triumphierend um, als ob er allen sagen will: Habt ihr das gesehen? Habt ihr's gesehen? Die beiden kommen, wie man sich denken kann, nur langsam voran. Sehr langsam. Ein wenig wirken sie wie Momo und die Schildkröte Kassiopeia.

Man hört und liest viel über die Hektik der großen Städte, über den beschleunigten Menschen, der überhaupt nicht mehr zur Ruhe kommt und arbeitswütig, alltagsgetrieben, erlebnissüchtig und newshungrig durch die Tage rast. Der Achtsamkeitstrainings, Slow-Food-Workshops und -Magazine sowie Auszeit-Apps braucht, um wenigstens das Gefühl von Pause zu kriegen. Die Straße erzählt etwas anderes. Wer hinguckt, sieht, dass man nicht in die Parks und an die Spreeufer, in die Wellness-Tempel und Oasen des gepflegten Abhängens gehen muss, um Menschen runterkommen zu sehen. Im Gegenteil: Langsamkeits-Profis benötigen keine speziellen Orte und keine Hilfe von anderen. Sie sind unter uns, überall. Man muss sich nur die Zeit nehmen, sie zu sehen.

Stadt der Engel

Jetzt ist schon wieder was passiert. Das sagt der Brenner immer in den Krimis von Wolf Haas. Ich kann das erst jetzt sagen, als ich es aufschreibe. Denn kurz nachdem wieder was passiert war, war mir alles andere als brennerisch-lakonisch zumute.

Seit einiger Zeit habe ich oft Gründe, über Verluste nachzudenken und dass sie immer als Horde daherkommen. Denn nach einem verlorenen Turnbeutel, einer Bauchtasche und einer Kamera muss noch lange nicht Schluss sein. Und auch die Kamera war als Ende nicht dick genug. Ich denke aber auch viel über Hoffnung nach, auf die Ehrlichkeit der Mitbürger und deren teilweise Enttäuschung. Und darüber, dass ich trotzdem weiter an die Redlichkeit glauben will. Denn es gibt immer solche und solche.

An einem Samstagmittag also fehlt mein Portemonnaie. Zwischen drei Mal die Wohnung absuchen, 20 Mal die Tasche auskippen, Flüchen, Tränen und Selbstgeißelung schaffe ich es irgendwie, telefonisch drei Karten sperren zu lassen und zitternd eine Liste der Dokumente zu erstellen, die ich in der Woche darauf neu beantragen muss. Die Kinder, zunächst verstört über den Zerzausungsgrad der Mutter, erweisen sich als Engel. Nehmen mich in den Arm und decken abends den Tisch. Auf der Polizeiwache sage ich, was ich eigentlich schon nach dem ersten Tascheauskippen wusste: Dass ich die Geldbörse wohl nach dem Bezahlen im Taxi habe liegen lassen. Ob ich denn die Quittung noch hätte, fragt der Polizist, der so väterlich mit mir spricht, dass ich schon wieder weinen könnte. Dann könnte ich beim Taxiunternehmen anrufen. „Die steckt auch im Portemonnaie" wimmere ich und schäme mich für meinen aufgelösten Zustand.

Wieder zu Hause suche ich im Stundentakt in der Online-Datenbank des Fundbüros. Obwohl ich weiß, dass es bis zu drei Tage dauern kann, bis Verlorenes dort abgegeben wird. Dass es am Wochenende ohnehin geschlossen ist. Die einzige Folge dieser sinnlosen Recherche: Am Sonntag habe ich jede Hoffnung verloren. Denke: Bestimmt hat der nächste Fahrgast es eingesteckt. Oder doch der Taxifahrer, der nur so nett getan hat, als er auf meinen Wunsch das Radio lauter stellte.

Am Sonntagabend klingelt es an der Tür. „Taxi … Geld … Freitag" verstehe ich nur, dazwischen das Rauschen der Straße. Ich betätige den Summer und renne nach unten. Falle dem Taxifahrer, der mit erleichtertem Gesicht vor mir steht, fast um den Hals. Erleichtert ist er, wie er mir erklärt, weil er morgen früh in die Türkei abreise. Warum ich mich nicht gemeldet hätte beim Taxi-Verband, fragt er. Ich aber bin ganz stumm vor Glück, strecke ihm das komplette Bargeld hin, er lehnt ab. Zehn Euro nimmt er dann doch als Dank. Ich wünsche ihm eine gute Reise. Als er weg ist, merke ich, dass das Glücksgefühl nicht nur vom zurückgekehrten Portemonnaie herrührt. Sondern auch daher, dass der nächste Kunde es dem Fahrer gegeben und dass dieser den Weg zu mir auf sich genommen hat. Daher, dass es solche und solche Menschen gibt. Und welche, die Engeln sehr ähnlich sind. Man erkennt sie oft, wenn schon wieder was passiert.

Schöner stranden

Wohin? Mit mir, der großen Tasche, dem innerlichen Fluchen? Zugegeben: Die Frage „Wohin?" stellt man sich, zumindest in einer bestimmten Lebensphase, eher selten am Bahnhof. Meist hat man Ziel und Reservierung, vorbei sind die Jahre des spontanen Losstromerns. Jetzt, da Familienkalender und Arbeitszeiten das Jahr kartieren, fragt man sich dort allenfalls, ob man jemals einen Zug ohne umgekehrte Wagenreihung betreten wird.

Wie die Wagen des verpassten Zuges gereiht waren, werde ich nie erfahren und muss auf den nächsten warten, fluchend über die Straßenbahn, die, wiewohl richtig gereiht, aufgrund unzähliger Hindernisse nicht vorankam und nichts dafür kann, und über mich. Hätte ja eine früher nehmen können. Wie sonst auch. Sicher ist sicher.

Sicher ist auch: Auf die Frage „Wohin?" gibt es an Bahnhöfen keine leichte und schon gar keine gute Antwort mehr. Auch in Berlin. Man soll abfahren und ankommen und kaufen. Aber bitte nicht sein. Auf meinem keuchenden Streifzug durch die lichten Hallen finde ich unter den gefühlten 100 Geschäften knapp 20 Läden, in denen man essen und trinken kann. Darunter drei Burger-, drei Café- und fünf Bäckereiketten. Eis, Asia, Döner. Was alle Orte eint: Sitzen kann man nicht oder nur beengt. Man wird nicht bedient. Das Licht ist grässlich und die Luft schlecht. Kurz: Man kann sich am Hauptbahnhof komplett neu einkleiden und dank Elektromarkt, Sportartikeldiscounter und Parfümerie einen ganzen, wenn auch fantasielosen, Weihnachtseinkauf erledigen. Aber man kann nicht tun, was man am Bahnhof häufig muss und was – mit Willen und Fantasie – sogar zu unvergesslichen Stunden führen kann: Warten. Erst einmal ankommen. In Ruhe einen Abschied verkraften. Der Zeit beim Vergehen zusehen. Sich zitternd freuen. Ungeduld aushalten. Und nicht zuletzt Menschen bei alldem beobachten.

Eine lichte Ausnahme ist Düsseldorf. Da gibt es das Lokal „Zum Schiffchen". Die Kunstlederpolster werden dort von hunderten kleinen Nieten an den Bänken gehalten, beim Zählen, Durcheinandergeraten und Wieder-von-vorne-Anfangen vergeht die Zeit im Nu. Wenn man das überhaupt will. Hinter der Geschäftigkeit am

Tresen blitzen die Gläser und der Kellner bewegt sich flink und beflissen zwischen den Hopper'schen Einzelmenschen, deren Schweigen sich in den Scheiben spiegelt. Draußen eilen die Reisenden vorbei, stumm hinter Glas, wie Fische, nur nicht so virtuos. Drinnen ist zwischen den Resopaltischen genug Platz für Koffer und Kinder, und auf ihnen stehen Kaffee, Gulaschsuppe und ehrliche Schnäpse. Manche Gäste reden leise, die meisten tun nichts. Die eben noch nervösen Gedanken kommen mit einem leisen Quietschen zum Stehen, und zum Fluchen kommt einem jeder Grund abhanden.

Ich glaube, wenn es an jedem Bahnhof ein Lokal geben würde, das seinen Namen verdient, das Geschrei über die Bahn wäre viel leiser und keiner bräuchte mehr Entschleunigungs-Chichi. Und wenigstens am Bahnhof hätte man, gestrandet in einer komplizierten Welt und plötzlich auf sich geworfen, eine Antwort auf die Frage: Wohin?

Blumen von unten

Neulich las ich irgendwo in den sogenannten Sozialen Medien, in Berlin grüßten sich die Leute nicht auf der Straße. Vielen gefiel das, obwohl es ja, wenn es denn stimmte, eigentlich kaum jemandem gefallen sollte. Mir gefiel es nicht, und zwar nicht, weil es stimmt, sondern weil es nicht stimmt.

Nicht nur im Lieblingsblumenladen. Eine Frau und ich wollen gleichzeitig eintreten. Unser beider „Hallo" und „Guten Tag" mischt sich lustig in das Kuddelmuddel, das entsteht, wenn zwei gleichzeitig auf engem Raum dasselbe tun wollen. Am Ende, das zugleich ein

Anfang ist, denn danach sind wir beide drin, öffnet sie die Tür und ich trete zuerst ein. Drinnen empfangen uns der vertraute Duft von viel feuchtem Grün und mehrere „Hallos" und „Guten Tags", teils gemurmelt, teils geflötet. Zwei Kundinnen mit sehr genauen Vorstellungen und ein unschlüssiger Mann werden gerade von drei Floristinnen mit buntem Glück versorgt. Bei dem Mann könnte es sich auch um eine bunte Entschuldigung handeln, so wie der guckt. Seine Ratlosigkeit scheint nicht nur die Wahl des Straußes zu betreffen. Aber er ist in guten Händen, die Blumenhändlerin weiß sichtbar schon mehr und zupft, windet und arrangiert mit kundigen Händen Stängel, Blüten und Gräser.

Auch ich weiß noch nicht so recht, wie mein Strauß aussehen soll, finde das aber kein bisschen schlimm. Es gibt kaum Schöneres als zuzusehen, wie etwas Gewünschtes wächst, von dem man gar nicht wusste, dass man es genau so wollte. Während ich warte, beugt sich eine der Floristinnen nach unten, betrachtet die Unterseite einer prachtvollen weißen Blüte und ruft aus: „So würde ich auch gerne von unten aussehen!" Alle lachen.

Mein Strauß ist fertig und eine Wucht. „Gott ist der schön", entfährt es mir, wie jedes Mal. Die Künstlerin, die ihn fertigte, fragt: „Verschenkste oder behältste?" Das frage ich mich auch plötzlich und nehme vorsichtshalber noch einen kleinen, bereits fertig gebundenen mit. „Auf Wiedersehen!" „Tschüss." „Auf Wiedersehen!" geht es durcheinander. Der ratlose Mann hält mir die Tür auf. Bei mir ging es schneller, aber ein Geburtstagsstrauß braucht eben nicht so lange wie einer für Momente, in denen sonst nichts mehr hilft.

Auf dem Weg nach Hause grüßt ein etwas Verlotterter von einer Bank. Eine Nachbarin, die ich nicht kenne, nur vom Sehen. Die Postbotin. Ich glaube nicht, dass es an den zwei Blumensträußen liegt, nur ein bisschen an meinem frohen Gesicht, und bin jetzt mal pingelig: Wenn angeblich keiner grüßt, also wirklich niemand, dann wäre es doch an dem, der das als Erster merkt und moniert, damit anzufangen. Denn er oder sie hat ja offenbar auch nicht gegrüßt. Sollte er oder sie es aus Angst nicht tun, allen anderen damit einen Schrecken einzujagen, reicht ein offener Blick oder ein versuchsweises Lächeln. Vorher Blumen kaufen hilft auch. Von denen gibt es zwar in den sogenannten Sozialen Medien reichlich. Aber für den Duft der Blumen und den Klang der Freundlichkeit muss man schon rausgehen. Auch in Berlin.

Clärchens

Irgendein Junggesellinnenabschied ist immer. An diesem Abend kommen die Mädels aus Toulouse und tragen alle viel Schwarz und Gold und Glimmer und Glitter. Die Älteste in der tanzfreudigen Gruppe dürfte um die 60 sein und kurbelt am wildesten mit den Hüften. Beim Junggesellinnenabschied sind alle für ein paar Stunden wieder Mädels, und wer sich sträubt, den bringt das Rundumgefunkel dazu: die Lametta-Wände, die Diskokugellichter, strahlende Augen und die Liebe, die überall herumlacht, als würde sie gerade entdeckt.

Auch die tanzenden Paare, ob betagt oder kurz nach volljährig, ob im Anzug und Abendkleid oder Tanktop und Jeans, ob der Standards mächtig oder mit Anfängerfreude trudelnd: Sie alle wirken verknallt. Ineinander, in die Nacht, in den Ort. Mich wundert das nicht, ich verliebe mich auch alle zehn Minuten. In die runde Frau mit dem rotblonden Kraushaar, die so rasant das Becken rotieren lässt, dass der Saal sich mitzudrehen scheint. In die beiden Männer vor der Bühne, der eine im gewagt gemusterten Achtzigerjahre-Hemd und mit Riesenbrille, der andere irgendwas zwischen Hip-Hop und Hipster, die sich zu einer spontanen Choreografie gefunden haben. In alle, die sie mit Applaus bedenken. Ich verliebe mich kurz in die beiden ernsthaften schlanken Menschen, die den Abend nutzen, um ihren vermutlich seit Jahren trainierten Discofox zu perfektionieren und sich nicht stören lassen von den ausgelassenen Dilettanten ringsherum, deren unbeabsichtigte Rempler sie souverän weglächeln. Und dann in ein anderes Paar: Er sitzt im Rollstuhl, der andere Er wirbelt ihn mehr, als er schiebt. Alle machen Platz. Weil man das so macht in Clärchens Ballhaus. Man denkt nicht darüber nach, genauso wenig wie über das Tanzen und das Sich-in-alle-Verlieben. Alle, das sind: Alte und Mittelalte und Junge, Berliner, Neuberliner und Touristen, Fitte und Gesunde und Gehandicapte und Gebrechliche. Der Älteste, der mir im Clärchens das anno dunnemals in der Tanzschule Gelernte in Erinnerung rief, war über 90. Sein Rücken war so krumm wie seine Führung virtuos.

Clärchens Ballhaus, benannt nach Clara Habermann, die das Tanzlokal allein weiterführte, nachdem ihr Mann Fritz Bühler gestorben war – vorher hieß es „Bühlers Ballhaus" – ist fast 110 Jahre alt. Döblins Franz Biberkopf wollte zu Clärchens und Heinrich Zille zeichnete am Tresen. Und während es oben im Spiegelsaal jahrzehntelang feiner zuging, schwofte und verliebte sich im Erdgeschoss immer schon jeder, der den kleinen Eintritt zahlen konnte. Ob in Seidenstrümpfen oder groben Stiefeln. Ob mit Lippenstift oder Glatze. Hoffentlich bleibt das weitere 100 Jahre so. Abschied vom Junggesellinnendasein kann man zwar auch anderswo nehmen. Aber wo sonst tanzen alle Stadien des Lebens dabei um einen herum? Es heißt immer, die Generationen driften auseinander, werden sich fremd, kämpfen gar miteinander. Nun, sie müssen sich ja nicht gleich ineinander verlieben. Aber zusammen tanzen, das sollten sie viel öfter.

Rein ins fremde Leben

Zwischen 12 und 14 Uhr kommt Iris. Schon von Weitem sehe ich sie durch das Fenster, und zwar nicht nur wegen des gelben Fahrrades mit der großen Kiste vorne dran. Auch ihre pinkfarbene Strähne leuchtet, und ihr Schwung. Iris ist unsere Postbotin. Sie muss oft klingeln, wegen der vielen Buchsendungen. Noch nie habe ich erlebt, dass sie den Weg die Treppe hinauf vermieden und ein Paket im Erdgeschoss abgegeben hat. Als sie das letzte Mal vor der Tür stand, fragte sie mich nach meinem Vornamen, wegen einer Unterschrift für eine Sendung an die Nachbarn. „Barbara, nicht wahr?", gab sie sich selbst die Antwort. Ich nickte, freute mich und überlegte, ob ich mich ebenfalls nach ihrem Namen erkundigen sollte. Was für ein seltsames Zögern. Seit vielen Jahren begegnen wir einander mehrmals in der Woche. Es wird höchste Zeit für eine neue Ebene. „Und wie ist Ihr Name?", fragte ich also. „Iris. Ich heiße Iris", sagte sie und lächelte. Ihr hinterherblickend dachte ich an die vielen anderen Fremden, die meinen Alltag bereichern, und wessen Namen ich als nächstes herausfinden möchte. Die der Männer im Getränkemarkt? Den des

Türstehers vor der Sparkasse? Den der Apothekerin, die sich vergangenes Frühjahr immer so besorgt nach meiner Mutter erkundigt hat? Ich werde einfach abwarten, wen ich als nächstes treffe.

Den Namen der Person kenne ich dann zwar, aber viel weiß ich dennoch nicht über sie. Bei allen Genannten habe ich das Gefühl, dass sie ihre Arbeit wirklich gerne machen. Und bestimmt davon erzählen würden. Der Brief einer Freundin fällt mir ein. Sie erzählte darin von einer Dokumentation, die sie im Radio gehört hatte. Es ging um Truckfahrer und ihr Leben auf den Autobahnen und Parkplätzen der Welt. Die Freundin schrieb, nach der Sendung habe sie Lust verspürt, irgendwann einmal so eine Tour zu begleiten, und ich kann sie verstehen. Würde ich doch auch gerne mal als Paketbotin arbeiten oder als Taxifahrerin. Mein Freundeskreis ist zwar vielfältig, doch habe ich von so wenigen Lebenswelten eine Vorstellung. Wir kämen alle besser miteinander aus, wenn wir mehr voneinander wüssten. Mein Sohn sieht das ähnlich. Seiner Meinung nach sollte jeder ein soziales Jahr absolvieren. Mich hat das sehr froh gemacht, und ich bin sicher, wir würden Krankenschwestern nicht länger mit Applaus bedenken, sondern sie in Zukunft fragen, wie sie mit Vornamen heißen. Oder uns den Namen auf dem Brustschildchen merken.

Extra-Runde mit Tulpen

Als ich dem Mann mit den Blumen das zweite Mal begegne, müssen wir beide grinsen. Sie sind in lilafarbenes Papier eingewickelt, es leuchtet schon von Weitem, wahrscheinlich erkenne ich ihn deswegen sofort wieder.

Viel Farbe sieht man noch nicht, der Übergang vom Winter zum Frühling trägt gern Braun und fahles Grün. Vielleicht fällt er mir aber auch auf, weil er so erwartungsvoll aussieht. Die eingewickelten Blumen hält er mit angewinkeltem Arm vor dem Oberkörper, als stünde die Person, für die sie bestimmt sind, jeden Moment vor ihm. Es muss anstrengend sein, Blumen so zu tragen. Zweimal um den See.

Bestimmt sind Tulpen drin, denke ich. Alle kaufen jetzt Tulpen, das hilft beim Begreifen. Auch ich komme ja aus dem Mich-Wundern nicht heraus, obwohl es jedes Jahr um diese Zeit stattfindet. Dass sich alles anders anfühlt, dass die Menschen sich anders bewegen. Wie weit weg die große Kälte schon scheint. Als hätte es sie nie gegeben. Nur die Bandbreite in der Kleiderwahl kündet noch vom echten Winter, der so kurz war dieses Mal, kurz und heftig und hell. Diese Tage teilen die Stadt in zwei Hälften, die Vorsichtig-Skeptischen und die Sorglos-Ungeduldigen. Auch das zeigt der zweite Gang um den See. Erstere zuppeln an den dicht gewickelten Wollschals, weil der Hals schwitzt. Lupfen Mützen, nesteln an Knöpfen, unschlüssig, ob man es schon wagen darf, mit halb offener Jacke zu gehen. Die anderen haben bereits allen Winterzierrat zu Hause gelassen. Ihr Frösteln überspielen sie mit hüpfenden Schritten, die nicht zu den hochgezogenen Schultern passen wollen.

Beide Gruppen haben etwas gemeinsam: die Extra-Runde. Auch die hilft beim Begreifen, wie Tulpenkaufen. Gleich mehrere Personen treffe ich zweimal beim See-Umgehen. Mehr als sonst. Nicht nur Joggerinnen und Kinderwagenschieber. Auch Nur-Geher, also Leute, die keinen offensichtlichen Grund für die

See-Runde haben. Kurz Luft schnappen wollen, Licht tanken, ein paar Enten sehen. Oder Zeit überbrücken, vor einem Treffen, nach einer Erledigung. Der Mann mit dem Blumenstrauß ist auch viel zu dünn angezogen. Keine Mütze, ein dünner Schal, Aprilmantel. Sehr schick. Die Schultern zieht er dennoch nicht hoch. Wie er die Blumen hält! Vorfreude kann eine dicke Jacke sein.

Tegel begrünen

Man kann sich ja in die unglaublichsten Dinge und Wesen verlieben. Ich war schon verliebt in Seen, Lieder, Erdmännchen, Bücher, Häuser, Bilder, Momente und natürlich in Menschen jeden Alters. Aber nie hätte ich es für möglich gehalten, dass ich mich mal in einen Flughafen verliebe. Zumal als Wahlberlinerin seit über 20 Jahren. Selbst wer selten fliegt wie ich, schafft es in dieser Stadt nur schwer, sich beim Thema Flughafen die Ungezwungenheit zu bewahren, die es zum Verlieben braucht.

Der Flughafen, in den ich mich verliebt habe, steht in Pisa. Von dort ging es erstmals zurück aus Umbrien, nach einer langen Fahrt durch die fast so schöne Toskana. Der Flughafen Galileo Galilei trägt zwar den Namen eines Universalgelehrten, sieht aber gar nicht nach Wissenschaft aus, sondern eher, als stünde er in einer Waldstadt, erbaut von Tieren, Kindern und Fabelwesen. Dach und Vordach sind begrünt, so üppig, dass kaum Beton und keine Kanten zu sehen sind. Der Vorplatz besteht zu großen Teilen aus Wiese, mächtige Pinien ragen in den Himmel und überall Pflanzen aus

Terrakotta-Töpfen. Blumen- und Pflanzentöpfe zieren Fenster, Außenwände, Türschwellen, Verkehrsinseln und Bordsteine. Nun könnte man das als Verklärung abtun, die deutsche Italiensehnsucht halt, die nur Zitronenbäume sieht und nicht die Nöte. Und hat nicht auch Berlin über 400 000 Straßenbäume, Parks ohne Ende, bepflanzte Balkone und Verkehrsinseln? Warum also fehlen mir diese blühenden Straßen und Plätze – und von jetzt an auch ein Flughafen – also hier so?

Die Antwort ist: Man sieht sie hier oft kaum. Weil überall Müll und Kippen liegen. Weil zwar immer wieder über mehr Mülleimer, mehr Personal für die Stadtreinigung, Strafen für sogenannte „Müllsünder" diskutiert wird, es all das aber doch gar nicht bräuchte, wenn Mülleimer benutzt würden. Wenn Menschen nicht nur ihr Eigentum pflegen würden, sondern auch den Raum, in dem wir alle leben: die Stadt.

Immer wieder liest man von Bürgerinnen und Bürgern, die es als ihre Aufgabe sehen, die Bäume in ihren Straßen mit ausreichend Wasser zu versorgen. Sie kümmern sich. Diesem Beispiel folgend, können wir doch alle zusammen mal die Stadt aufräumen und durchfegen, auch wenn den Dreck natürlich immer die anderen gemacht haben. Egal. Wenn wir fertig sind, beschließen wir, der Tütchenpflicht für die Hundehalter folgend, eine – freiwillige – Pflicht für die Raucher, einen Taschenaschenbecher mitzuführen, eine Mülleimernutzungspflicht und die ebenso für alle geltende Konsequenz, Müll eben ein Stück weiterzutragen oder nach Hause, wenn es keine Entsorgungsmöglichkeit gibt. Warum wir das tun, ohne Befehl, Strafen, Gesetz? Einfach weil wir wollen. Weil wir alle gerne verliebt sind, ob in einen lauschigen Park, eine blühende Straße, einen besonders hübschen Baum. Und dann begrünen wir Tegel.

Anmerkung: Der Text stammt aus dem Jahr 2019. In Tegel ist jetzt viel Platz für Bäume. Aber auch der BER kann etwas mehr Grün vertragen.

Hast und Weltzeit

Zuerst bilden sich rote Flecken auf ihrem Gesicht und ihrem Hals. Dann beginnen die Hände zu zittern, kleine Hände mit dünnen Fingern, sie sehen aus wie Vogeljunge. Auch ihr Kopf mit den weißen Löckchen zittert und immer wieder stammelt sie: „Einen Moment ... bitte ... gleich ... habe ich es." Der Versuch, einen Geldschein aus ihrem Portemonnaie zu ziehen, gerät zur Folter. Ihr zuzusehen schmerzt. Dabei ist eine Quelle für die Hast der alten Frau nicht auszumachen. Zwar warten etliche Kunden im Buchladen an der Kasse. Doch alle sind geduldig, niemand beschwert sich. Die Unruhe, die quälende Hektik muss aus ihr selber kommen. Irgendeine Macht in ihrem Inneren treibt sie an, flüstert: „Du hast keine Zeit. Du hast keine Zeit." Nach quälenden Minuten zieht sie die renitente Banknote aus der Geldbörse. Durch den Ruck öffnet sich das Kleingeldfach und unzählige Münzen springen heraus und kollern durch das Geschäft. Die Frau beginnt zu weinen. Das Mädchen hinter ihr reicht ein Taschentuch, legt ihr die Hand auf die Schulter, und dann sammeln alle zusammen die Münzen ein.

Ein paar Minuten später sitze ich mit einer Freundin im Café. Sie ist 80 und sieht kaum mehr etwas. Auf ihrem Smartphone sucht sie eine Telefonnummer. Mit wachsender Verzweiflung wischen ihre knotigen Finger über das Display. „Wenn ich doch nur besser sehen könnte. Dann würde das schneller gehen", schluchzt sie und ihr Kummer ist so bodenlos, dass wir beide ganz tief hineinfallen. Nichts kann sie trösten, am wenigsten meine beruhigenden Worte, dass sie doch Zeit habe. So viel Zeit.

Wie anders der ältere Herr im Weinladen. Er hat die Ruhe weg. Sitzt vor seiner leeren Kaffeetasse und erklärt mir, er kaufe die Zeitung nur, damit er wisse, welches Datum der Tag habe. Dann erzählt er, dass er demnächst zu den Niagarafällen reisen wolle, und erläutert mir ausführlich den Nutzen von Stützstrümpfen auf Langstreckenflügen. Die Weinhändlerin merkt an, dass es vielleicht noch nicht die richtige Zeit sei für sein Vorhaben und ob der die Reise nicht noch etwas verschieben wolle. Ja, vielleicht mache er das, sagt der Mann. Er habe ja alle Zeit der Welt.

Wie anders auch das nackte Kind im Planschbecken. Selbstvergessen und in stiller Eintracht mit seiner Umwelt, mit dem Sommer, der den Garten unbarmherzig in seiner Grillzange hält, mit den Bienen und Fliegen, schüttet es seit Stunden Wasser von der einen Seite des Beckens auf die andere. Als ob es herauszufinden gälte, ob der Pegel rechts steigt, wenn man links etwas wegnimmt. Natürlich passiert nichts, aber ist das ein Grund, das Experiment abzubrechen? Nicht wenn man Zeit hat. Und das Kind hat Zeit. Weltzeit.

Wie unterschiedlich Menschen sie wahrnehmen. Sind die einen getrieben von Dämonen der Hektik, kennen die anderen weder Uhr noch Kalender. Treiben dahin im Meer der Minuten und Stunden, während andere vor Stress weinen. Es ist ein Seltsames mit der Zeit. Gerecht ist sie nicht. Aber ist das ihre Aufgabe? Nein.

Brausepulver statt Oregano

Alexanderplatz. Mantelkragen an Mantelkragen stehen die Menschen im Pizza-Imbiss. Und wo kein Mensch, kein Hund, kein Kinderwagen ist, türmen sich Taschen, Tüten, Pakete. Auch hinter der gläsernen Theke ist es eng. Außer Pizza gibt es Döner und, saisonbedingt, Glühwein. Vier Männer belegen Teigfladen, säbeln die fertigen Stücke in bissgroße Happen, schaben Fleisch vom Spieß, zupfen Kaffee, nehmen Bestellungen und Geld entgegen. Dass sie nicht permanent übereinanderfallen, grenzt an ein Wunder. Ihr geschmeidiges Umeinanderherum wirkt wie ein jahrelang einstudierter Tanz. Es ist warm, und alle paar Minuten, wenn einer der Männer die Ofenklappe öffnet, um die fertigen Pizzastücke gegen die noch blassen auszutauschen, wallt eine Hitzewolke durch den Raum. Wäre die Pizza so dick wie die Luft, keiner würde sie essen.

Draußen legt sich die beginnende Dämmerung über den Rummel, der wegen des Wollsockenstands Weihnachtsmarkt heißen darf, und ich will mir gar nicht ausmalen, was los ist im Imbiss, wenn der Abend kommt. Trotz der vielen Stände mit Essen. Auf dem Heimweg isst der Stadtmensch gern in der Bahn. Gerade im Dezember hat er keine Zeit. Schon jetzt, am Nachmittag, spürt man die Eile hier und da, die sich in den nächsten Stunden ausbreiten wird wie eine Laufmasche.

Auch einige der Kunden haben nicht viel Zeit oder glauben es zumindest. Und weil Eile unfreundlich macht, wächst minütlich meine Bewunderung für die Pizzabäcker. Routiniert und höflich verrichten sie ihre Arbeit, als befände sich ihre Bude am Strand, kühle Brise inklusive und nur entspannte Urlauber. Und nicht Gäste wie der Herr, der gerade zum 28. Mal augenrollend und theatralisch seufzend auf seine dicke Uhr guckt. Ja, es ist ein Bahnhof, und ja, Züge warten nicht. Trotzdem könnte ich, stünde ich auf der anderen Seite der Theke, der Versuchung wohl nicht widerstehen, ihm Brausepulver in den Streukäse zu mischen. Jetzt klackert er mit den Fingernägeln auf der Glasplatte. Den Mann am Ofen kümmert's nicht und wenn doch, verbirgt er es gut. Mit stoischer Liebenswürdigkeit fragt er den nächsten in der Reihe nach seinen Wünschen. Der so verständnislos guckt, als sei er gebeten worden, den Satz des Pythagoras vorzutragen. Er trägt riesige Kopfhörer, die er auch nicht absetzt, als der Pizzabäcker ihn zum zweiten Mal fragt. „Salami" bellt er mit der Lautstärke derer, die sich selbst nicht hören können.

Ganz anders das Mädchen hinter ihm. Ihr genuscheltes „Margherita" schafft es kaum über die Theke, und von den Lippen ablesen kann man es ihr nicht, da sie den Blick aufs Smartphone gesenkt hat. In solchen Momenten denke ich, dass sich Manieren nicht beim feinen Dinner zeigen, nicht da, wo man jemand sein will, sondern an Orten, wo alle einfach *sind*. Nicht da, wo man etwas erreichen will, sondern dort, wo man etwas bekommt, was man für selbstverständlich hält. Wie Pizza am Pizzastand. Die Geduld und die Freundlichkeit der Bedienung ist allerdings ein Extra. Wie Brausepulver statt Oregano.

Herr S. will nicht staunen

Staunen kann man an vielen Orten in dieser Stadt. Man kann den Fernsehturm emporstaunen oder an der Spree entlang. Man kann breite Straßen bestaunen und kleine

Verzierungen an alten Spreebrücken. Von der großen bis zur winzigen Kunst in den Museen, Galerien, Theatern, Opern und Konzerthäusern ganz zu schweigen.

Dienstagmittags in der Philharmonie gilt mein Staunen nicht dem Foyer, seinem Treppenschwung und schönen Licht. Dienstagmittags, wenn das Haus zum Lunchkonzert lädt, staune ich über die Menschen, die sich hier versammeln. Auf den Stufen und Stühlen, an der Wand und mitten im Raum, auf Decken und Jacken, in Rollstühlen und auf dem nackten Boden sitzen, liegen, stehen sehr alte und sehr junge Menschen. Reiche und solche, die wohl nicht mehr haben als das, was sie bei sich tragen. Hoteltouristen und Backpacker. Nobel gekleidete Damen und mit nicht weniger Sorgfalt zurechtgemachte Schlunztypen. Glitzermädchen und Bartträger. Mützenjungs und Frauen mit Kopftuch. Berliner, Neuberliner und Berlinbesucher. Paare, Gruppen, Freundinnen und allein reisende Männer.

Diese Menschen aller Art und aus aller Welt warten redend und schweigend, lesend und dösend, auf den Augenblick, in dem die Musiker die winzige Bühne betreten. Und dann kommt diese Stille vor dem ersten Ton. Sie ist immer ein kleines Wunder, auch abends, in den großen Konzerten. Jetzt entfaltet sich die Magie der Möglichkeit, dass hunderte Menschen wie auf eine geheime Verabredung hin von einer Minute auf die andere schweigen, jedoch besonders. Weil sie nicht aneinandergereiht in Sesseln sitzen, sondern kreuz und quer, siehe oben. Weil sich draußen nicht der Abend über die Stadt beugt, sondern die Sonne gleißt und der Verkehr kreischt und das Kaufen und Schaffen am nahen Potsdamer Platz einfach weitergeht. Während hier die Musik beginnt.

Staunend wandert mein Blick über die Körper und Gesichter. Wie sie sich verändern, je nachdem, ob das dreiköpfige Ensemble gerade Mieczysław Weinberg, Franz Schubert oder Gideon Klein spielt. Ich sehe Füße wippen bei Schuberts tänzelndem Rondo, sehe Augen sich in die Ferne richten während Kleins *Variation über ein mährisches Volkslied*. Ich sehe geschlossene Augen. Gideon Klein wurde nur 25 Jahre alt. Er starb 1945 in einem Außenlager von Auschwitz. Das steht auf dem Programmblatt, ich sehe einige Besucher, die darauf zeigen, mit dem Nebenmann flüstern. Ich staune, immer wieder und hier besonders darüber, wie die Musik die vielen Einzelnen zu einem Wir, einer Art Zuhörerkörper eint. Obwohl jeder anders zuhört, womöglich auch *etwas anderes* hört, je nach Herkunft und Wissen und Erinnerungen. Und mitten in dieses Staunen hinein denke ich an Thilo Sarrazin. In seinem Buch *Feindliche Übernahme*, las ich kürzlich in der Zeitung, erzählt der Autor, dass er oft in die Philharmonie gehe. Und in Museen, Galerien, Theater und Opern. Und noch nie habe er dort ein muslimisches Kopftuch erblickt. Dass Herr Sarrazin lügt oder schlicht nicht sehen *will*, ist klar. Dass er noch nie dienstagmittags hier war, auch. Denn Staunen öffnet die Augen.

Eine Hand für jeden

Wenn das Kind nichts mit sich anzufangen weiß, läuft es zum Spieleschrank, räumt einen ganzen Stapel aus und steigt damit eine Etage höher. Dort wohnt meine Mutter. Ein bis drei Stunden später kommt es wieder herunter und berichtet, die schmale Brust auf Gorillagröße aufgeplustert, wie es die Oma „abgezockt" habe.

Manchmal sieht das Kind auch vom Balkon aus, dass seine Oma Besuch hat und gespielt wird. Dann rennt es nach oben, um mitzumischen. Meine Mutter ist gesellig, viele ihrer Freundinnen sind so alt wie sie, einige älter. Wenn sich bei einem Abendessen ihre Welt mit unserer mischt, liegen zwischen der jüngsten und der ältesten Person am Tisch 60 bis 70 Jahre. Früher war das nur auf Familienfesten so.

Wenige Jahre lang war bei solchen Anlässen die Spanne noch größer, weil das große Kind seine Urgroßeltern noch kennengelernt hat. Wenig originell, aber wunderschön ist ein Foto, auf dem die winzige, glatte Hand des Babys in der kräftigen, von tausend Runzeln und fast so vielen Ringen geschmückten meiner Oma liegt. „Wenig originell" sage ich, weil dieses Motiv viele Poster und Karten schmückt, meist mit Sinnsprüchen über das Leben.

Mein Großvater wurde über 90 und seine älteste Tochter, meine Mutter, hat bis zum letzten Atemzug seine Hand gehalten. Die letzten Jahre seines langen Lebens war er dement. Heute sitzt meine Mutter manchmal an Betten von über 100-Jährigen und begleitet ihr Sterben. Wenn sie von ihrem Ehrenamt erzählt, denke ich an meinen Opa. Und an eine Reportage, die ich vor einigen Jahren schrieb. Sie führte mich in ein „Alzheimer-Tanzcafé". Ich traf dort auf Menschen, deren Körper sich an die Musik erinnerten. Sobald sie endete, mussten sie wieder gestützt werden. Ich weiß noch, wie glücklich ich war zu sehen, wie viele Hände sich auch hier fanden. Jeder von uns braucht mal eine, am Anfang und Ende des Lebens jedoch besonders.

Darum ging es auch in einem Text, den ich kürzlich in der Zeitung las. Kein Tag vergeht, ohne dass ich an ihn denke. Nämlich immer dann, wenn ich alte Menschen sehe. Er handelte vom „Hoffmannsgarten", einer Tagespflegeeinrichtung für demente Menschen. Die Gründerin hatte, so war zu lesen, große Probleme, Räume zu finden. Viele Vermieter wollten mit den Alten und Kranken nichts zu tun haben. Mit ihnen brächte Hoffmann den Tod. Die Wohnqualität leide. Man solle doch bitte ins Umland gehen, wo man die „Kundschaft" nicht sähe. Ich konnte nicht glauben, was ich da las. Mir wurde kalt.

Ich stelle mir eine Welt vor, in der es das Bild einer glatten in einer runzligen Hand nur auf Sinnspruchkarten gibt. In der Kinder an den Rand der Stadt fahren müssen, um alte Menschen zu sehen. Und auch all jene, die sie durch die letzten Jahre begleiten, ob hinter einem Rollstuhl oder an der Hand. Ob auf der Tanzfläche oder einer Bettkante. Ich will so eine Welt nicht. Keiner kann sie wollen. Oder nur, wer alles Wichtige vergessen hat: Was das Leben ist, was es mit dem Sterben zu tun hat und welche Rolle Nähe in beidem spielt.

Wenn ein Mensch bebt

Mit kaum merklichen Zuckungen fing es an. Als ich das nächste Mal zu der Frau gegenüber sehe, ist das, was ihren Schultern widerfährt, bereits ein veritables Beben. Der Kopf wackelt mit. Sie presst die Lippen aufeinander. Verbirgt den Mund mit der Faust. In der anderen Hand hält sie einige Blätter Papier. Sie sieht aus, als ob sie gleich platzt.

Als ihr die Tränen in die Augen steigen, spüre auch ich ein Glucksen in mir hochblubbern. Ein brandender Lachanfall ist ja so ansteckend wie hypnotisch. Deshalb muss ich wieder hinschauen. Auf ihrer Stirn schwillt eine Ader, als erste gequetschte Töne aus dem noch fest verschlossenen Mund dringen. Die Laute erinnern mich an das Meerschweinchen, das ich als Kind hatte. Wenn es hungrig war oder ich es vor lauter Liebe zu fest drückte, kam genau so ein „iiuuiink iiuuiink" aus dem winzigen Meerschweinchenmund wie jetzt aus den zusammengepressten Lippen der Frau. Oder kommt es aus den Ohren? Der Gedanke an lachende Ohren vergrößert den Druck in meiner Brust.

Und die Neugier, was die Frau so amüsiert. Läse sie ein Buch oder eine Zeitung, würde ich sie fragen. Vielleicht sogar, hielte sie ein Smartphone in der Hand. Hoffend, dass es sich um einen Cartoon oder eine Witzeschlacht handelt und nicht um etwas Persönliches. Aber lose Blätter …, bestimmt ein Brief. Oder ist sie Lehrerin und nutzt die Straßenbahnfahrt zum Korrigieren von Aufsätzen? Ein Schreiben vom Jobcenter wird es nicht sein. Um nicht als Erste loszuprusten, starre ich aus dem Fenster und versuche, draußen etwas Trauriges zu finden oder wenigstens etwas Ärgerliches. Doch wenn man mal am Straßenrand verrottende Matratzen braucht, sind keine da. Alles sieht dezembrig hübsch aus, Sternschnuppen aus vielen Lämpchen, Kinder mit lustigen Mützen, rote Wangen überall. „Iiuuiink" quiekt es hinter den Papieren gegenüber. Mein Blick verschwimmt. Ich drücke mir ebenfalls die Fingerknöchel auf den Mund und wechsle gedanklich zu den großen, ernsten Themen unserer Zeit. Denke: Klima. Denke: Trump. Denke: RechtsruckWohnungsnotEuropaGentechnikBrexitPlastikmüll. Da prustet die Frau los und lacht. Und lacht. Und lacht. Laut, befreit und herrlich. Ein paar Leute lachen ein bisschen mit, auch ich, und es ist köstlich wie ein Niesen, auf das man lange gewartet hat, und als sie sich mit leiser werdenden Salven die Tränen aus den Augenwinkeln wischt, reicht ihr jemand ein Taschentuch.

Das letzte Mal, als ich beobachtete, wie ein Taschentuch von fremdem Mensch zu Mensch wanderte, ohne dass der Empfänger darum bitten musste, da war der Empfänger auch eine Empfängerin, und sie lachte nicht, sondern weinte. Auch in der Straßenbahn, und es war ähnlich ansteckend. Der Kummer in den geröteten Augen und den – ebenfalls lange unterdrückten, aber schon hörbaren – Schluchzern breitete sich wie eine Öllache im Abteil aus, und alle wurden ganz still. Ob Heiterkeit oder Traurigkeit, Niesen oder Gähnen: Es lässt uns nicht kalt, wenn es andere schüttelt. Das ist schön.

Vom Minutenglück

Die Straße, auf der wir gehen, bietet nicht viel. Sie ist lang. Sie ist gerade. Beton und Grün links und rechts. Ein paar Blumen im Streifen, hier ein Bau-, dort ein Klettergerüst, Autos. Das war's. Ein verirrter Tourist würde vermutlich den Reiseführer zücken, um sich zu vergewissern, dass er noch in Berlin ist. Aber auch in Berlin muss man wohnen, und deshalb gibt es Wohngebiete. Und zwischen den immer gleichen An- und Ausblicken ist Platz für interessante Gedanken. Nichts lenkt ab.

Wie viele Sekunden ein Jahr habe, fragt prompt das Kind. Ehe wir das Handy heranziehen, wird der Rechenweg geklärt. 365 Tage mal 24 Stunden mal 60 Minuten mal 60 Sekunden. Schon bevor wir das Ergebnis wissen, zappelt das Kind aufgeregt in der Aussicht auf die Riesenzahl. 31 536 000. Jubel. Dann denkt es kurz nach. „Aber auch ganz schön viele Stunden." „Mhm", mache ich. Denke: 8 760. Was man in denen alles machen kann.

„Was man in denen alles machen kann", sagt das Kind. Ich: „Oder in den Minuten." Skeptischer Blick. In einer Minute? Der erste Vorschlag klingt noch wie eine Frage: „Einen Witz erzählen?" Und darüber lachen, ergänzen wir fast gleichzeitig und nicken sehr ernst. „Jemanden küssen", sage ich. „Ein paar Blumen pflücken", tönt es von unten, über den Grünstreifen gebeugt. Jetzt ist kein Halten mehr. Wir sammeln, kaum ein Zögern oder Grübeln unterbricht den Strom: Kopfüber ins Wasser springen und losschwimmen. Ein Gummibärchen essen (Kind: „Eins? Mehrere!"). Einen Baum hochklettern. 315 536 000 Sonnenstrahlen oder mehr einfangen. Etliche Meter gehen und noch mehr mit dem Fahrrad fahren. Eine leichte Rechenaufgabe im Kopf lösen oder eine schwere mit dem Taschenrechner. Ein bekanntes Lied pfeifen und allen, die es hören, einen Ohrwurm verpassen für die restlichen Minuten des Tages. Ein kurzes Gedicht lesen oder vortragen. Ein Tor schießen. Ein paar Tanzschritte machen. Oder einfach hüpfen. Einen Purzelbaum schlagen.

„Jemandem sagen, dass man ihn liebt", sage ich. Streiche dem Kind über den Kopf. Es guckt hoch, grinst, und erwidert: „Oder allen laut und deutlich sagen, was man in einer Minute alles Schönes machen kann."

Und es aufschreiben, denke ich. Das wird zwar länger dauern, aber es könnte sehr glücklich machen. Fast kommt es mir vor, als ob die Straße, die wir entlanggehen, mir zunickt. Weil sie plötzlich gar nicht mehr eintönig aussieht. Kein Wunder. Im Lichte von 525 600 Minuten, die man im Jahr zur Verfügung hat. Selbst wenn man alle abzieht, in denen man lästige Pflichten erledigen muss, sich streitet oder andere, eher doofe Dinge tut oder schläft (was ja auch ganz schön ist): Es bleiben immer noch total viele übrig. Und die meisten Minutenglücke sind völlig unabhängig davon, wo man sich gerade befindet. Sie liegen auf der Straße, wenn auch manchmal versteckt. Zum Beispiel in einer Rechenaufgabe.

In neuer Zeit

Schabernack und Schoten

Herr Watzke aus dem zweiten Stock hat nach 38 Jahren seine Jugendliebe wiedergetroffen. Jetzt sind sie wieder ein Paar, weshalb Herr Watzke mittlerweile weniger Zeit in Berlin verbringt als in Thüringen. Da wohnt die Liebste, so nennt er sie: „meine Liebste". Sie ist immer noch so schön wie damals und kocht sehr gern und gut. Das alles erzählte mir Herr Watzke aus dem zweiten Stock, als man noch ohne Zucken zu zweit einen engen Aufzug betrat. Ich kannte Herrn Watzke nicht, besuchte eine Bekannte, er stieg mit mir ein, sah, dass ich die fünfte Etage drückte, und richtete Grüße aus. Dann kam die Geschichte mit seiner Freundin.

Ich denke an Herrn Watzke, weil die Straßen- und Treppenhausgespräche mit Fremden selten geworden sind. Auch Plaudereien mit Zeitungsverkäufern, aufgeschnappte Wortwechsel in der Bahn, mitgelauschte Diskussionen in Cafés: vorerst Vergangenheit und ersehnte Zukunft. Ab und zu mischen sich in die Telefonate mit vermissten Freunden, in den intensiver gewordenen Familienaustausch und die Unterhaltungen mit Nachbarn aber immer noch Stimmen aus dem Rest der zurückgezogenen Stadt. Im Park gibt ein Vater den Clown, schneidet Grimassen und stolpert über unsichtbare Steine. Das Lachen des Kindes im Buggy beginnt perlend, dann schüttet es sich aus vor Vergnügen und landet in einem formidablen Schluckauf. Das weiß ich, weil ich ein Stück entfernt stehen bleibe und noch ein bisschen zuhöre. Es tut so gut. Wie die Klaviermusik, die aus einem Fenster weht. Bach, glaube ich, etwas ungelenk noch, trotzdem ein Geschenk. Das Wissen: Die Stadt albert herum. Sie musiziert. Sie lächelt sich zu und spricht miteinander.

Einen Tag später kommen das Kind und ich auf unserem täglichen Ausgang an einer Baustelle vorbei. Vier Männer arbeiten in schweigendem Abstand. Plötzlich sagt der eine: „Bei uns gibt's heute gefüllte Paprikaschoten. Freu mich schon." Das Kind an meiner Hand hat es auch gehört und fragt: „Was sind Schoten?" Das Kind fragt immer viel, aber in diesen Tagen ohne Unterlass. Es kompensiert den Bewegungsmangel mit Wissensdurst, die Sehnsucht nach seinen Freunden im Dialog mit den verfügbaren Personen im Haus. Ich erkläre es ihm, trotzdem setzen wir das Wort auf die Liste der selbst zu recherchierenden Wörter. Mit Kindersuchmaschinen und Lexika Sachen herausfinden ist fabelhaft gegen Langeweile. Auf der Liste stehen schon „Gene", „Rheuma", „Lore" und „Köfte", alles Früchte ausgedehnter Lektüren.

Lesen. Schabernack. Lachen. Essen. Hand in Hand gehen. Vieles fehlt, vieles bleibt. Und Herr Watzke ist hoffentlich in Thüringen, bei seiner Liebsten.

Luftküsse

Zehn Tage. Zehn Tage ist es erst her. Ungläubig zähle ich die Kalenderblätter: Vor zehn Tagen besuchte ich die Freundin. Die Zahl lügt nicht. Aber der Verstand sagt: Es ist so viel passiert. Es hat sich so viel verändert. Es muss viel mehr Zeit vergangen sein. Er kommt nicht hinterher mit dem Begreifen.

Ich denke an den Besuch bei der Freundin, als ich dem Kind das Wort „Impulskontrolle" erkläre. Es ist wütend, weil es nicht mit zum Einkaufen darf. Behutsam mache ich ihm klar, dass es unnötig viel anfassen würde im Supermarkt, auch wenn es eigentlich weiß, dass es die Hände bei sich behalten soll. Wegen der Impulse, die Kinder, alle Kinder, eben nicht so gut unter Kontrolle haben. Als ich die Freundin besuchte, hatten wir den Impuls, einander wie früher in den Arm zu nehmen zur Begrüßung, schon in einen Käfig gesperrt. Da zappelte er zwar, aber der Verstand sagte: Sie wird in ein paar Jahren 80. Ich schütze sie, wenn ich sie nicht anfasse. Auch wenn ich auf der Straße noch Umarmungen gesehen habe. Wir müssen uns mit Worten, Blicken, Gesten nah sein.

Zehn Tage später sieht man fast nirgends mehr Umarmungen. Wir leben in einer Ära der Luftküsse, des „Ich drück dich" durchs Telefon und geschriebener Liebkosungen. Doch die eingesperrten Impulse sind lebendiger denn je. Mit dem stärker werdenden Beben, dem Zerbrechen der Strukturen, wächst die Sehnsucht nach Halt – und Halt zu geben. Meine Mutter nicht zu umarmen ist immer noch ein Kraftakt und die mit so vielen geteilte verbale Nähe je nach Tagesform so dürftig in ihrer Ersatzhaftigkeit, dass ich schreien möchte.

„Wenn Menschen gar keine Berührung erfahren […], gehen sie ein", schreibt Elisabeth von Thadden in *Die berührungslose Gesellschaft*. Allein der Titel. Was für ein Buch in dieser Zeit. Darin blätternd, werde ich nachsichtig mit meinem überforderten Verstand. Als ich es das erste Mal las vor zwei Jahren, wollte ich dieses kluge Plädoyer für Hautkontakt statt Display-Streicheln am liebsten jedem schenken. Und jetzt? Frage ich mich, was dieser grausame Entzug mit uns macht. Danach. Wann immer das ist. Ich sehe die wenigen Menschen auf der Straße fürsorglich Abstand halten und denke: Werden wir das alles nachholen? Kuscheln, kosen, küssen, bis der Arzt kommt, oder besser: kein Arzt mehr kommen muss? Die wundgewaschenen Hände halten und drücken, bis das letzte Quäntchen Seife rausgepresst ist? Werden wir uns mitten im Gespräch umarmen und bei jedem Abschied gleich dreimal? Oder haben sich Angst, Distanz, Bildschirmnähe dann so festgesetzt, dass die berührungslose Gesellschaft vom Buchtitel zur dauerhaften Wirklichkeit geworden sein wird?

„Ich umarm dich", sagt eine Freundin am Telefon. „Ich dich auch", sage ich, „und bald wieder richtig!" „Ja", kommt es vom anderen Ende. „Und dann lassen wir nicht mehr los." Ja, denke ich. So wird es sein. Nehme nach dem Einkaufen und Händewaschen das Kind in den Arm. Schicke ein paar Luftküsse durchs Fenster. Und sage mir: Selbst zehn Mal zehn Tage sind keine Ewigkeit.

Gottlose Zeiten

Die zweite Welle umspült uns und trägt neue Vokabeln heran. Nachdem sich unsere Münder an den täglichen Gebrauch der Begriffe „Abstand", „Mundschutz", „Kontaktdaten" und „Infektionszahlen" gewöhnt haben, haben wir jetzt das „Risikogebiet" auf den Lippen. Es ist der Ort, an dem wir leben. Ein Ort, an dem eine „Sperrstunde" gilt, ein Wort, das ich aus der Kriegsberichterstattung kenne, vielleicht noch aus München und Großbritannien. „Grenzkontrollen" werden noch nicht durchgeführt, wohl aber herrscht ein „Beherbergungsverbot". Es untersagt uns, an Orten zu übernachten, die außerhalb unseres Risikogebietes liegen, also überall außer Berlin. „Denn sie hatten keinen Raum in der Herberge", schreibt eine Freundin, und das geht mir nicht mehr aus dem Kopf. Wir mussten nicht umkehren, nicht weitersuchen, nicht an fremde Türen klopfen. Wir waren informiert, wir haben storniert. Wir wussten, wir bekommen keinen Raum in der Herberge, die uns, denn Gastfreundschaft ist ihr Gewerbe, gerne aufgenommen hätte. Jeden würde sie aufnehmen, egal, woher er oder sie kommt, Buchung vorausgesetzt. Wie abwegig war der Gedanke noch vor wenigen Monaten, die Gastfreundschaft auf Gäste mit der richtigen Postleitzahl zu beschränken. Eine Herberge mit Bedingungen zu sein. Wir leben in gottlosen Zeiten.

Ich schreibe die Begriffe „Beherbergungsverbot" und „Risikogebiet" in meiner Mail und meine Finger finden die Tasten ganz von selbst. Ersteres kennt der Autokorrektor noch nicht, beschwert sich in Form einer geringelten roten Linie, den guten alten Zeiten verhaftet. Er wird lernen wie wir, die wir die neuen Wörter im Mund führen, als hätten wir das schon immer getan, im Mund hinter der Maske, die wir tragen wie Rock und Stiefel. Ich ende mit meiner üblich gewordenen, doch ernst gemeinten Floskel „Bleiben Sie zuversichtlich" und finde die Mail ganz schön persönlich geraten. Trotz des „Sehr geehrte Damen und Herren" zu Beginn kann und will mich aber nicht daran stoßen.

So auch während des Telefonats, das ihr vorausgeht. Die reizende Rezeptionistin ist im Bilde, reagiert gelassen und kundig, lächelt meine Flüche weg und findet warme Worte des Bedauerns. Ich versichere ihr, dass wir dann eben im November kommen oder im Januar, wenn wir wieder dürfen. „Wenn wir wieder dürfen". Eine Formel, ein Mantra, es ersetzt bisweilen das „Bleiben Sie gesund" am Ende von E-Mails. Gerade kam wieder eine Absage. Wir werden uns zum Abendessen zusammenfinden, wenn alles entspannter ist. Wenn wir wieder dürfen. Wir sagen das und schreiben das, als ob es völlig normal ist, dass man jenseits des Strafgesetzbuches Dinge nicht darf.

Von der netten Rezeptionistin kommt sogar eine Antwort. Sie wünscht uns einen schönen Herbst, trotz allem, und freut sich auf unseren Besuch im Irgendwann. Das schreibt sie nicht so, aber hätte sie es getan, ich hätte mich nicht gewundert. Wir schreiben anders. Sprechen anders. Womöglich schweigen wir sogar anders.

Ein Geigenkasten voller Hoffnung

Unordnung kann ein Segen sein. Nichts wegwerfen zu können. Denn jetzt ist die Zeit des Wiederentdeckens vergessener Schätze, das gilt für die Regale wie für den PC. Das Video, das ich in einem Ordner finde, in den es überhaupt nicht gehört, hätte eine bessere Wegwerferin als ich sofort gelöscht. Bildqualität: grauenhaft. Die Aufnahme zappelt wie ein eishungriges Kleinkind, dazu milchiges U-Bahnhofslicht. Ton: eine Zumutung. Blechern. Hintergrundgeräusche ohne Ende. Nach 48 Sekunden bricht der Film einfach ab. Warum er es seinerzeit von der Kamera in den PC geschafft hat, wird ein Rätsel bleiben, wichtig ist jetzt: Er erinnert mich an eine Zeit, in der auf den Straßen und in den Bahnhöfen Musik gemacht wurde. In der Passanten stehen blieben, um zuzuhören. In der sie Münzen in Becher, Mützen oder Instrumentenkoffer fallen ließen. Auf meinem Video ist ein Geigenkasten zu sehen, den Violinisten zu filmen schien mir nicht geboten. In der Philharmonie filmt man ja auch nicht, und vergleichbar groß und zart zugleich wie vieles dort schon Gehörte empfand ich seine Musik. Ein Klezmer-Stück, sehnsüchtig, traurig, doch nicht ohne Hoffnung. Viele Ein- und Zwei-Euro-Stücke lagen schon in seinem Kasten, als ich meine Münzen dazu warf.

Münzen. Wenige Wochen nachdem das Video entstand, habe ich keine Verwendung für das gesammelte Kleingeld. Straßenmusik habe ich lange nicht gehört, und innerhalb des kleinen Radius, in dem ich mich bewege, sehe ich kaum Obdachlose. Der letzte, mit dem ich vor den neuen Regeln sprach, war ein Zeitungsverkäufer. Ich gab ihm zwei Euro, lehnte aber die Zeitung freundlich ab. Er guckte so theatralisch traurig, dass ich lachen musste und dann doch um das Blättchen bat. Da guckte er noch trauriger und sagte, es sei sein letztes Exemplar. Und: „Ich sollte lieber keine Witze mehr machen." Wir vereinbarten, dass ich die Zeitung bekomme, falls wir uns nach 18 Uhr noch einmal begegnen sollten. Und dass er niemals mit dem Witzemachen aufhören dürfe.

Wie es dem Humoristen mit der einzigen Zeitung wohl in diesen Tagen ergeht? Und all den anderen, die sich nicht in Sofakissen und mit schlechten Videos einigeln können? Wann immer ich an all jene denke, die vom Kleingeld anderer leben, buchstäblich von der Hand in den Mund, und ich tue es täglich, seit der Wahnsinn begann, das bargeldlose Zahlen als verständliche Bitte in allen Geschäften gewünscht wird, und man die Hände vom Mund fernzuhalten hat, wann immer ich an sie denke, münden Schmerz und Angst in einen Wunsch: Mögen sie diese Zeit überleben.

Ich starte das Video erneut. Sehe die Münzen und Scheine über den Bildschirm wackeln. Höre die Violine singen. Sehnsüchtig, traurig, doch nicht ohne Hoffnung. Sogar die kann man in der Unordnung finden. Ein beherzter Blick in die Zukunft zeigt mir, wie ich all die unfreiwillig gesparten Münzen und noch viele mehr in den Bechern, Mützen und Koffern der Stadt verteile. Aufräumen kann warten. Und den kleinen Film werde ich niemals wegwerfen.

Sieben Wochen ohne

Wie sehr ich mich an die Schilder gewöhnt habe, merke ich, als mir ein neues auffällt. Beim Gemüsehändler liegen „Flugmangos" neben der Kasse und auf dem Berg eine Papptafel mit der Aufschrift „Bitte nicht drücken". Ich finde beides kurz lustig, das Wort „Flugmango" und die Bitte. Weil die seit einiger Zeit ja auch für die meisten Menschen gilt. Obwohl alle so eine große Sehnsucht danach haben, mal wieder gedrückt zu werden und andere zu drücken. Flugmangos, lese ich später, sind besonders empfindlich, weil sie bereits reif importiert werden, mit dem Flugzeug. Ihre Kollegen, die normalen Mangos, reifen auf der langen Reise nach Europa. Die anderen, vor ein paar Monaten noch neuen Schilder und Plakate nehme ich gar nicht mehr wahr. Die Aufsteller vor den Geschäften mit den Abstandsregeln. Die Zettel an den Türen, die darüber informieren, wie viele Kunden sich im Laden aufhalten dürfen. Kreidetafeln mit den Worten „Wir sind weiterhin für Sie da". Und das allgegenwärtige „Bleiben Sie gesund". Auch unter keiner E-Mail fehlt es.

Sie sind zur Normalität geworden, diese Worte und Schilder, wie die Abstandsmarkierungen im Supermarkt. Sie gehören so selbstverständlich zum Stadtbild wie Security-Leute in der Drogerie. Wie Desinfektionsstationen und Plexiglaswände. „Spuckschutzscheiben" werden sie auch genannt. Anders als über „Flugmango" muss ich über dieses mir im Februar 2020 noch unbekannte Wort nicht mehr lächeln. Es gehört zum Alltag. Wie „Niesetikette". Wenn ich im Park jemandem mit Maske begegne, überkommt mich schon lange kein asiatisches Gefühl mehr. An der Straßenbahnhaltestelle fallen die nackten Gesichter auf. Auf einem Spaziergang erzähle ich einer Freundin von meinen Beobachtungen. Bis ich merke, dass sie mit den Gedanken ganz woanders ist. In ihren Augen stehen Tränen. Sie erzählt von ihrem Kummer, und der Abstand zwischen uns fühlt sich an wie eine Gletscherspalte. Sie nicht in den Arm nehmen zu dürfen ist unmenschlich. Wie mir gerade ging es einer anderen Freundin eine Woche zuvor. Da hatte ich einen schlimmen Tag. Schon die Luftumarmung zur Begrüßung nach so langer Zeit fiel uns beiden schwer. Als ich ihr von meinen Sorgen berichtete, spürte ich förmlich den Kraftaufwand fürs Trösten ohne Anfassen.

Als das kleine Kind seine erste Videokonferenz mit der Klasse hatte, war es am Anfang ganz unglücklich, saß zusammengesunken auf seinem Stuhl und starrte stumm auf die Bildschirmgesichter. Ich nahm das Kind in den Arm. Die Konferenz wurde dann doch noch sehr lustig, vor allem am Ende, als die Lehrer sich ausgeloggt hatten. Mehrmals schallten „Ich vermisse euch alle"-Rufe aus dem Kinderzimmer. Mir kamen die Tränen und ich dachte: Wer jetzt noch mehr Digitalisierung des Alltags als das ganz große Ding der Zukunft feiert, hat etwas nicht verstanden. Anders als an neue Schilder und Wörter werden wir uns nie daran gewöhnen, einander körperlich nicht nahe sein zu dürfen. Wir sind eben keine Flugmangos.

Leider alle zufrieden

Mittag. Die Sonne kracht ohne Erbarmen auf den Platz zwischen Bahnhof und Fernsehturm. Die flachen Betonmauern sind von Menschen übersäht, trotz Möwengekreisch hört man leise Gespräche und Telefonate, ein Mädchen mit Kopfhörern summt mit, die Augen hat sie geschlossen. Die Frau neben mir ist eingeschlafen. Ihre langen grauen Haare – sie hat eine Frisur wie Patti Smith – liegen um sie gebreitet wie ein silbernes Kissen. Ein Arm hängt seitlich herab, die andere Hand bedeckt die Handtasche auf ihrem Bauch. Ein Gefühl nimmt von mir Besitz, dass ich bleiben müsste, bis sie erwacht. So vertrauensvoll, wie sie da liegt zwischen all den Fremden, im Schatten von Turm und Körperwelten. Die „Körperwelten" befinden sich in Sichtweite, um die Ecke die Miniaturstadt „Little Big City". Ein Stück weiter ruft das Museum der Illusionen nach den Touristen, die noch nicht da sind. Und die City-Shuttles, die auf dem Platz unterm Turm warten, werben mit „Berlins schönstem Shopping-Erlebnis" für die Mall of Berlin.

Zwei Mädchen lassen sich hinter dem Kopf der Schlafenden nieder. Aus ihren bunten Pappbechern strömt ein süßer Duft zu mir. Ein junger Mann bittet mit einem leeren Becher in der Hand um Geld für die Straßenzeitung. Sein Becher ist ganz zerdrückt und hat gar keine Farbe. Für jede Münze, die er bekommt, legt er eine galante Verbeugung hin, und ich denke, dass eine Stunde auf so einer Bank mehr Berlin ist als alle Erlebnismuseen und Malls zusammen.

Nachmittag. Das Seeufer könnte aus einem kitschigen Film stammen, so einträchtig planschen, plaudern und knutschen die Generationen nebeneinanderher und ineinander verwickelt. Einzig der bollernde Hip-Hop stört das Idyll ein wenig. Ich frage mich, wann das anfing, dass so viele Menschen unter 20 eine Metall- oder Plastikwurst mit sich herumtrugen, aus der Musik dröhnt, und bin etwas versöhnt, als eine der vielen Cliquen zu tanzen beginnt. Die Mädchen üben eine Choreografie, die Jungs drücken sich drum herum. Es hat eben nicht jeder jemanden zum Knutschen, und die noch niemanden haben, können wenigstens mit der Musikwurst kuscheln. Ein nacktes Kind in einer Windel gießt derweil mit einer hellgrünen Kanne den Sand.

Ein Rentnerpaar sieht dem Kind mit versonnenem Blick zu. Bestimmt haben sie ihre Enkel lange nicht gesehen, denke ich und frage mich, ob es bald ein Wiedersehen geben wird. Denn das ist doch der Grund, warum alle so zufrieden wirken, hier und vor den Cafés und am Alex, im Schatten des Turms. Keiner braucht etwas außer genau das: unter Menschen sein, zusammen mit Freunden oder der Familie, tanzen. Was hier passiert, denke ich weiter, ist der Horror aller Marketingagenturen, der Super-GAU für den jetzt doch bitte wieder hochzufahrenden Konsum. Lauter zufriedene Menschen und keine Leere nirgends, die es mit Produkten zu füllen gilt.

Abend. Die Haut spannt von der Sonne. Das Kind schläft. Der Mond lächelt milde sein Kugelmundlächeln. Auch morgen wird es uns an nichts fehlen. Der Kapitalismus muss sich was Neues ausdenken.

Helden on Air

03317099222. Wenn irgendwann endlich die Medaillen, hoffentlich aus Gold und kombiniert mit fetten Gehaltserhöhungen, an all die frisch erkannten Systemrelevanten vergeben werden, dann muss auf den Münzen für eine Gruppe diese Zahl stehen. Oder eine andere Zahl, je nach Region und Sender. Ich selbst habe die Hörer-Hotline von *radioeins* noch nie angerufen. Aber jeden Morgen, oft mittags und auch jeden Abend für einige Zeit lausche ich den Anrufern und natürlich den Mode ratoren. Die Musik ist zweitrangig, wobei sie mir den einen oder anderen Tanz zu entlocken vermag.

Vor den Moderatoren verneige ich mich täglich innerlich und manchmal auch richtig. Wie relevant sie für meine Systeme sind, vom Immunsystem über die Geduld am Morgen bis hin zur Inspiration am Vormittag, das habe ich erst dieses Jahr erkannt. Und ja, dieses Jahr wurden sie in meinen Ohren zu Helden. Denn wie fast alle haben sie ja unter komplett neuen Bedingungen gearbeitet. Logistisch, thematisch und emotional. Vor allem Letzteres schlägt zu Buche, wie jeder weiß, der mithilfe seiner Stimme Geld verdient. Sie verrät alles, die schlaflose Nacht, die Zweifel am eigenen Tun, die Verzweiflung über das immer gleiche Thema.

Dieses immer gleiche Thema unter immer neuen Gesichtspunkten zu beleuchten und mit immer neuen Worten attraktiv zu halten, ist aber seit nunmehr zehn Monaten die Aufgabe dieser Leute. Und dazwischen plaudern sie uns Haltsuchende durch den Tag. Lange Zeit saßen sie allein in ihren Wohnzimmern, umtost von Schreckensmeldungen, gewärmt womöglich nur von einem Paar Wollsocken und einer Tasse Tee, und erklärten mir ohne die Spur einer Abnutzung oder Überforderung die neuen Begriffe, die Zahlen und Kurven. Sie blödelten miteinander herum, als mir jede Lust an Albernheiten verloren gegangen war, und weckten sie aufs Neue. Sie brachten mich unter Tränen zum Lachen.

Seit einigen Monaten dürften die meisten von ihnen in die Studios zurückgekehrt sein. Ihnen gefolgt, ungebeten und unverschämt, ist das Thema. Im Gepäck hat es nichts außer Aerosolen, vergifteten Begriffen und Angst, Angst und noch mal Angst. Das merkt man an den Anrufern, die sich zu Maßnahmen, Verboten und Demos äußern. Viele von ihnen sprechen mir aus der Seele, und dann tut es gut zu merken, dass man nicht allein mit all dem ist. Andere kommen gerade von der Demo oder haben ein Bad genommen in einer Wanne voller Frust und Hass. Ich bewundere die Gelassenheit der Moderatorinnen, mit der sie die Wütenden nicht einmal auflaufen, sondern erst einmal einfach toben lassen. Freilich darf man auch hier nicht alles sagen. Aber nirgends in den Medien hört man des sogenannten Volkes Stimme so klar sprechen.

Und dann? Die Nachrichten. Und ich? Werde einfach mal die 03317099222 wählen. Und mich bedanken.

Wo der Frieden wohnt

Amerika-Gedenkbibliothek. Ist das ein Kasten. Trotz der bulligen Nachbarschaft in Gestalt eines Möbelhauses wirkt das Gebäude schlicht und majestätisch zugleich. Draußen auf der Wiese sitzt eine junge Frau mit Kopftuch, das Gesicht der Maisonne zugewandt. In ihrem Schoß schläft ein Buch. Die Stadt, das Hallesche Tor mit seinem Dreck und Gestank, der Verkehr: Diesen beiden kann sie nichts anhaben. Ein Spatz hüpft vorbei. Kurz hält er inne, als überlege er, ob er den Titel kennt.

Lustigerweise schüttelt er beim Weiterhüpfen den Kopf. Andere Generation? Die Antwort trägt er beim Abheben in die Lüfte davon.

Drinnen saßen bis vor ein paar Monaten die Generationen und Schichten, die Kulturen und Nationen beisammen, als sei die Erfindung von Grenzen und Abgrenzungen aller Couleur ein ganz schlechter Witz gewesen. Die einen blätterten in Zeitungen, andere in Büchern, wieder andere tippten etwas in ihre Laptops. Kinder haben hier Zuflucht gefunden, denen zu Hause die Ruhe verwehrt ist, die Bildung unbedingt braucht. Oder einfach die Ruhe und der Frieden, den alle Menschen benötigen wie Sauerstoff. Sie blätterten in Schulbüchern oder Comics oder wischten auf ihren Smartphones herum. Manche Besucher taten gar nichts, dösten oder dachten nach. Als ob das nichts ist!

Die Luft ist immer noch erfüllt vom leicht muffigen Geruch in die Jahre gekommener Bücher. Sollte das E-Book unwahrscheinlicherweise das gedruckte Buch einst ablösen, der Globus wäre um einen fabelhaften Sinneseindruck ärmer. Wieder draußen, drehe ich mich noch einmal um. In den gebogenen Fenstern spiegeln sich das U-Bahn-Viadukt und ein vorüberfahrender Zug der Linie U1. Ein quietschgelber Wurm vor einem richtigen Angeberhimmel. Ein paar Wolken ziehen vorüber, schweigend und vieldeutig. Sie allein wissen, wann der Regen fällt. Was wir hingegen wissen: Die Amerikaner schenkten der Stadt diesen Ort des Friedens und des Allemiteinanders 1954, als Deutschland und die Welt im Kalten Krieg froren und es noch viele Jahre tun sollten. Gegenwärtig ist der Globus wieder von Zäunen, Mauern und Furcht zerschnitten. Der Angst, dass sich das nie wieder ändert, kann man hier sehr gut in die Augen blicken. Und ihr die Stirn bieten. Denn man hat Mauern im Rücken, die verbinden, statt zu trennen.

Was wärmt und nährt

Die Straßenzeitung, die ich in der S-Bahn kaufe, heißt *Karuna Kompass* und handelt vom Schenken. Es ist eine Ausgabe vom letzten Jahr. Ich muss sie der Verkäuferin aus der zerschlissenen Tasche ziehen, weil zwei ja nicht mehr dasselbe anfassen sollen. Sie strahlt mich an, Schweißperlen auf der Stirn unter rotblonden Haaren. Sie reichen ihr fast bis zum Steißbein. „Das ist die erste heute."

„Wie viel noch mal?" Mir fällt auf, wie lange ich keine Straßenzeitung kaufen konnte. Für einen Euro ist sie etwas günstiger als die Blätter vor dieser Zeit. Ich gebe ihr 1,50 Euro und sie fügt hinzu: „… und ein Lächeln." Ich packe mein schönstes Augenlächeln aus. Es ist echt und kommt zurück. Sie deutet auf ein paar in Aluminiumfolie gewickelte Brote in ihrer Tasche und sagt: „Aber satt werde ich heute. Darum geht es. Und um freundliche Begegnungen. Was bringen mir 50 Euro am Abend, wenn ich keinen netten Menschen getroffen habe?" Ich nicke und schlucke den Knödel in meinem Hals hinunter. Ja, was? Eine gute Frage, nicht nur für all jene, die auf der Straße leben. Eine Frage, die womöglich gerade Millionen mit frierendem Herzen auf ihren Bildschirmen blinken sehen. Der Umkehrschluss gilt natürlich auch. Von einem Lächeln wird niemand satt. Von einer Stulle schon, während man die Zahlen auf dem Kontoauszug nicht kauen kann und Aktienwerte auch nicht. Das stand doch schon auf diesen Autoaufklebern in den

Achtzigern. Dass man Geld nicht essen kann. Und warm hält es auch nicht.

Ein Lächeln oder ein liebes Wort schon. Manchmal länger, als ein belegtes Brot satt macht. Apropos warm. Die Frau bittet um Verzeihung, weil sie nun ihre Habseligkeiten auf der Bank gegenüber ablegt und sich aus ihrem Wintermantel windet. Darunter trägt sie zwar einen Wollpullover, trotzdem sage ich: „Das reicht aber nicht. Dafür ist es zu kalt." Sie grinst und erklärt mir, dass sie jetzt ja im Zug sei. Und wischt sich den Schweiß von der Stirn. Wann bin ich das letzte Mal beim Arbeiten ins Schwitzen geraten? Ich finde meine Lebensweise für einen Augenblick reichlich absurd. Darüber würde ich mich gerne mit ihr unterhalten, aber ich muss aussteigen.

Wir tauschen ein Nicken aus und verabschieden uns. Ich drehe mich noch einmal um und winke. Sie sieht es nicht, denn sie unterhält sich mit einem Mann, der ihr Geld in den Becher wirft. Die zweite nette Begegnung, so sieht es zumindest aus, innerhalb weniger Minuten. Meine Jacke fühlt sich plötzlich auch zu dick an, und die Zeitung über das Schenken passt sehr gut in diesen schepperkalten Februartag. Ich würde ihr mal einen Abend mit 50 Euro im Becher als Ergebnis von 50 kleinen Gesprächen gönnen. Das Blatt lese ich von vorne bis hinten durch und fühle mich weiterhin wie in einem ernsten, doch schönen Gespräch.

Mehr als ein Fest

Die Frage „Wie verbringst du Weihnachten?" klingt in diesem Jahr anders. Und erst die Antworten. „Mit einem guten Buch und Alkohol", sagt eine Bekannte.

Viel Alkohol, füge ich in Gedanken hinzu, dem Zittern in ihrer Stimme nachhörend. Und hoffe, dass er gut ist. Ihre Einsamkeit ist keine selbstgewählte und hat nichts mit den Verwerfungen dieses Jahres zu tun. Sie wurde verlassen. Ein „Komm doch zu uns" kriecht in meinem Mund herum. Faucht, weil es nicht herausdarf, und legt sich dann zum Sterben nieder. 2020 ist das Füreinander-da-Sein nicht erwünscht.

Es ging viel ums „Weihnachten retten" in den letzten Wochen, und dann verstieg sich Wirtschaftsminister Peter Altmaier zu der These, Shoppen sei jetzt ein patriotischer Akt. Dass dieser Schwachsinn in den Advent fällt, zeigt viel über die Sicht auf Weihnachten nicht nur dieses Politikers. Und bestimmt auch vieler Bürger, weshalb Mely Kiyak nicht nur Unrecht hat mit ihrer Behauptung, Weihnachten sei tot. Doch hat ihr Text in der *Zeit* mich genauso geärgert wie das Gesabbel mancher Volksvertreter. Hat mich genauso aufgewühlt wie die Vorstellung der allein trinkenden Bekannten im Kerzenschein.

Denn wie manche Politikerinnen und Politiker urteilt Kiyak aus der Blase ihrer Schlüsse. Schlüsse auf die Allgemeinheit, wie es üblich ist bei solcherart zugespitzter Einlassung. Und man muss ja nur das Radio anschalten: Weihnachten = Konsum. Weiß jedes Kind. Doch apropos Kind. Warum sind denn die Kirchen voll an Heiligabend? Man kann das als Zeitvertreib bis zur Bescherung hinwegfegen. Aber das glaube ich nicht. Es ist mehr. Eine Sehnsucht. Nach der universellen Botschaft dieses Festes. Nach 50 Minuten Einfachheit statt Rausch. Kind in der Krippe. Singen. Vaterunser. Fertig.

Von Einkaufstaschen verdeckt wird auch die Tatsache, dass viele so feiern. Man tut ihnen Unrecht, wenn man den Advent wechselseitig zum Black Month und

Heiligabend für tot erklärt. Und dann sind da noch die, bei denen Kargheit und Isolation keiner Überzeugung folgen. Die früher im Kreis ihrer Lieben und zwischen Geschenkebergen gefeiert haben. Bei denen jetzt alles weg ist. Die allein sind.

In den letzten Jahren war ich in der dunklen Zeit häufig in der Stephanus-Stiftung im Gottesdienst. Es sind Feste, die auch ohne Kinder gut besucht sind. Und wenn ich die alten Frauen und Männer die Kirche betreten sehe, den Glanz in ihren Augen angesichts der wenigen Kleinen, ihre Inbrunst beim Singen, dann werde ich richtig zornig über alle, die diese Zeit kaputt reden. Die, welche das ganze Jahr über November haben, müssen gerettet werden. Bei Lichte besehen. Wer also immer sich berufen fühlt, 2021 das Fest zu retten, sollte jetzt mit dem Kümmern beginnen. Damit niemand allein ist, der das nicht möchte.

Vereint im Weiß

3. Januar. Schnee. Der Jubel ist der eines Kindes und ähnelt dem an diesem ungewöhnlichen Neujahrstag über die sauberen Wiesen, Wege und Straßen. Das neue Jahr empfing uns dieses Mal wegen des Böllerverbots herausgeputzt. Kindergartenzwerge kugeln dick eingepackt die Hänge am Seeufer hinunter, mit und ohne Schlitten. Andere bewerfen ihre Eltern mit Schneekugeln. Dafür empfangen sie Luftküsse. Zärtlichkeit hat viele Gesichter. Auch die Erwachsenen sind warm angezogen, und es ist zum Heulen schön, die blanken, unmaskierten Gesichter unter den Kapuzen zu sehen. Der Rest der bunten Vermummung macht Sinn. Endlich.

In Gestalt zweier schwuler Männer begegnet mir die Liebe auf vier Beinen. Sie tragen Mützen mit Sternen drauf und fangen womöglich gleich an zu singen. Die Blicke, die sie einander zuwerfen, möchte man einfangen und in Seidentücher wickeln. Das Begehren und die Hingabe lässt die Menschheit sich nicht austreiben. Von nichts und niemandem. Ein anderes Paar nutzt den Frost für ein Bad im See. Der lässt es sich gefallen und die Enten auch. Die Schwäne haben sich vermehrt und ziehen ihre Kreise. Alle zusammen werden sie mit ihrem Gepaddel dafür sorgen, dass ein Teil der Oberfläche auf keinen Fall zufriert. Immer in Bewegung bleiben. Eine gute Lebensweise, auch für Menschen, auch 2021.

Eingestrickte Hunde schieben sich wie Wollwürste über die Wiese und gucken verwundert ins Weiß. Ihr Staunen ist dasselbe wie das der Babys, die auf ihren Rücken liegend den Bewegungen der unbekannten Flocken zwischen Bäumen und Wolken folgen. Auch sie sind luftdicht eingewickelt, doch die Wärme der sie schiebenden Mutterkörper beschützt sie zusätzlich. Sie braucht keine Berührung, diese Art Strahlung ist eine eigene Kraft. Alle machen Fotos, filmen. Seltenes will dokumentiert, will behütet sein.

Aus dem Strandbad haben sie ein Testzentrum gemacht. Das Schild „Heute noch Termine frei" interessiert niemanden und trägt eine weiße Mütze. Die anderen Schilder, die den Weg ins Innere weisen, wirken verloren und fehl am Platz. Abstriche nehmen am Strand. Es geht immer noch irrer. Statt die Infotafeln zu lesen, haben einige Unverwüstliche es sich trotz Nässe auf den Bänken bequem gemacht und lesen. Manche trinken Punsch oder Kaffee aus Pappbechern. Noch leben wir to-go, aber in aller Ruhe.

Was alle eint, ist die Freude über die unverhoffte Pracht, sind die verwaisten Geräte in den Wohnungen, die vergessenen To-do-Listen, die verschobenen Pflichten. Auch das Kind lässt die Konsole aus, ignoriert die sonntägliche Schularbeit und flitzt, ein hüpfender Bommel, nach draußen. Über allem spannt sich ein schiefergrauer Himmel und wirkt, als mache er sich schon mal hellere Gedanken. Auch auf vielen Gesichtern kann man sie lesen. Es gibt so viel mehr, das uns verbindet.

Und dann?

Was übrig ist von ihr

Freudig ziehe ich die Stiefel an vor meinem ersten Ausflug in die Stadt nach über zwei Monaten, freudig und ein wenig ängstlich. Als die Tram die Grenze von Weißensee nach Prenzlauer Berg überfährt, den immer noch recht belebten Antonplatz hinter sich lassend, weiß ich, warum. Die Greifswalder Straße war nie eine Flaniermeile auf diesem Abschnitt, aber so ausgestorben habe ich sie noch nie gesehen. Der S-Bahnhof, ohnehin ein trauriger Kasten, steht da wie eine Warnung, ihn zu betreten.

An der Mollstraße blicken mich riesige Ruinen aus toten Augen an. Stillstand in Beton. Wie lange schon, wie lange noch? Was man da alles hinbauen könnte, denke ich. Und: Es gibt so viel zu tun. Auch und gerade im Vakuum des Wartens. Vielleicht habe ich deswegen so viel Kleingeld mitgenommen. Die Menschen unter den Stoffbergen am Alexanderplatz schauen so bittend und hungrig wie die Stadt. Sie sind seit Wochen weitgehend sich selbst überlassen. Einer zeigt auf seine blau gefrorenen, schmutzigen Füße. Ich habe nur ein Paar – viel zu kleine – Schuhe und bereue, dass ich keine Socken gekauft habe. „Wäsche für die Stadtmission" steht seit Wochen auf meiner Liste. Vielleicht verteile ich sie ja besser direkt? So kann man ein Lächeln dazugeben oder Schokolade.

Der Alexanderplatz wirkt, als habe er von beidem noch nie gekostet. Niemals hätte ich es für möglich gehalten, dass mir die bepackten Primark-Kundinnen einmal fehlen würden. Plätze sind für Menschen gemacht. Wie Geschäfte. Alles hat geschlossen außer den Imbissen, der Drogerie und dem Biomarkt. Ich wusste das doch, das höre ich jeden Tag im Radio. Trotzdem bin ich auf das Ausmaß der Trostlosigkeit nicht vorbereitet. Im März wurde noch die Poesie der Leere besungen, der besondere Klang der stillen Stadt, und auch ich war dafür empfänglich. Jetzt wummert die Stille und die Leere faucht.

Ich halte mich auf dem ganzen Weg zu meinem Termin an Stift und Notizbuch fest, um der Bedrückung Herrin zu werden. Schreibe, um etwas Greifbares in der Hand zu haben, wenn es ans Begreifen geht. Wenn der erneut entfesselte Konsum an die Stelle von Polizeikontrollen getreten ist und ich mich nach Maß und Demut sehne. Werde ich dann an diesen Februartag zurückdenken und mir einen leeren Alex wünschen? Die Antwort liegt, wie bei fast allen Fragen, wohl irgendwo in der Mitte. Aber kann der Mensch noch Mitte?

Unter den Gleisen an der Bleibtreustraße wohnt einer, der seine Schlafstatt mit Tannenzweigen und bunten Kugeln geschmückt hat. Als ich meinen Euro in die Pappschale fallen lasse, tönt ein „Danke!" aus dem Deckenberg. Sie lebt doch noch, die Stadt, denke ich. Und dass mir das einer beweist, der jeden Tag mit dem Tod tanzt, passt auf grässliche Weise in die zartbittere Ironie dieser Zeit.

Allein im Bus

Wenn man die Dorfstraße in Malchow sicher überqueren will, muss man den Ortsteil einmal ganz durchqueren. Erst am Ende, wo die Schrebergartensiedlung beginnt und wo man von Weißensee aus kommend rechts abbiegen kann in die plötzliche Stille der Malchower Aue, steht eine Fußgängerampel. Meine beiden Ziele befinden sich rechter Hand, wie die Bushaltestelle: der Stand mit den Erdbeeren und eben die Aue. Es ist die Neugier, die mich über die Straße treibt. Ich will wissen, ob der Hofladen auf der anderen Seite auch geöffnet hat.

Den Gedanken, in der Mitte des Ortes durch eine Lücke im Verkehr zu schlüpfen, verwerfe ich schnell. Es gibt keine. Die Dorfstraße ist eine röhrende Schlange aus Blech. Auto an Lastwagen rollt durch die ansonsten so verschlafen wirkende Aneinanderreihung von Häusern und Höfen. Ich muss an Lauren Elkins Ausführungen zu den amerikanischen Vorstädten denken. In ihrem fabelhaften Buch *Flâneuse*, das, wie der Titel bereits verrät, eigentlich vom Gehen und Sichtreibenlassen durch die Stadt handelt, schreibt sie, dass ihre Eltern selbst Freunde, die nur fünf Minuten entfernt wohnen, nicht zu Fuß besuchen. Und die leidenschaftliche Geherin Elkin schreibt, dass sie froh darüber ist. Weil es keine Fußwege gibt im Vorort ihrer Kindheit: „Dass Vorstädte heute so aussehen, wie sie aussehen, ist auf den Versuch zurückzuführen, sie am Autoverkehr auszurichten."

Nun haben Malchow und Weißensee wenig gemein mit amerikanischen Vorstädten, und Fußwege gibt es hier überall. Dennoch fällt mir die Textpassage nicht nur ein, wenn ich Erdbeeren kaufe. Denn je weiter man sich vom See Richtung Umland entfernt, desto mehr dreht sich alles um das Auto. Neben den stadtrandüblichen Baumärkten und Discountern sieht man: Autohäuser, Autowerkstätten, Autowaschanlagen, Reifenhändler, Karosserie-Lackierereien, Tankstellen.

Und natürlich Autos ohne Ende. Auch auf der Berliner Allee. Die Tage, an denen man mal sehen konnte, wie hübsch sie streckenweise, mit Ausnahme einiger Bröckelhäuser und Neubausünden, eigentlich ist, sind längst wieder vorbei. Der Verkehr brummt wie in Zeiten vor dem großen Zuhausebleiben und sehr oft steht er einfach. Auf der Berliner Allee bräuchte man oft die Ampeln gar nicht, man könnte ganz gemütlich durch den Stau spazieren. Verlierer sind Notärzte im Einsatz. Zwischen den parkenden Autos, den sich stauenden Autos und den Straßenbahngleisen ist eine Rettungsgasse ein süßer Traum.

Einer von vielen Verlierern der Pandemie, las ich neulich, könnte der öffentliche Nahverkehr sein. Weil die Menschen aus Angst vor Ansteckung Bus und Bahn langfristig meiden. Mich hingegen verstören die vielen leeren Plätze. Wenn es nicht in Gedränge ausartet, mag ich das Nahe am Nahverkehr. Bus- und Bahnfahren sind für mich verwandt mit dem Gehen, man spürt die Stadt, ist Teil eines Miteinanders. In fast allen Autos auf der Dorfstraße und der Berliner Allee sitzt nur eine Person. Zur Verstörung gesellt sich eine kleine Furcht. Dass der ÖPNV wirklich der Verlierer sein könnte. Und mit ihm die Stadt selbst, ihre Vorstädte und ihre Umwelt. Im Bus zur Malchower Aue saß außer mir ein Fahrgast.

Das Leben mag Brücken

Sieht man genau hin, gleicht keine leere Bank der anderen und doch gibt es welche, die besonders leer sind. Ihr Unbehaustsein lässt für einen kurzen Moment Mitgefühl für ein paar Holzlatten aufkommen, und man will nur noch eines: sich niederlassen. So eine Bank ähnelt einer Ecke vom Tisch, die so lange nicht entkrümelt wurde, dass sich dort niemand mehr hinsetzt. Um die Bank herum hüpfen also die Vögel, die es am toten Ende im Wohnzimmer bräuchte.

Im Köllnischen Park sehe ich an diesem Morgen nicht einmal Vögel. Haben die Baumaschinen sie vertrieben? Noch stehen sie ganz gelassen herum, still ist es. Das Gelände wäre der ideale Ort für ein Maikonzert. Nur fehlt eben das Publikum, und mit den leeren Rängen im Land hat das nichts zu tun. Man sieht selten Menschen, und das war auch vor den Bauarbeiten schon so. Früher haben hier Maxi und Schnute gewohnt, wenn man diesen Zustand wohnen nennen will. Meistens standen sie so still, dass man sich fragte, ob noch Leben in den Bären ist. Schon lange steht er leer, der Zwinger – allein das Wort! Wie gut also. Doch jetzt wohnt dort nichts mehr, und das ist nicht gut. Zwar herrscht an idyllischen Orten wie diesem kein so großer Mangel wie an Wohnraum in der Stadt, dennoch: Was für eine Verschwendung. Wo nicht einmal Vögel singen am Nachmittag, hat das Leben sich schon abgewandt.

Oder es ist in die Spree gesprungen, um woanders hinzuschwimmen. Auf der Jannowitzbrücke haben Fußgänger zwar viel Platz, doch ist der Bürgersteig das Gegenteil einer Flaniermeile. Man wünscht sich, sämtliche Autos würden ebenfalls die Brüstung durchbrechen und sich in fröhliche Gummiboote verwandeln. Dann hätte man auch die Chance, die Straße zu überqueren. Ein Bericht über den von vielen gewünschten Wiederaufbau der Waisenbrücke kommt mir in den Sinn. In Verzückung habe ich die Zeitungsseite aufbewahrt. Was für eine köstliche Idee, welch ein Bild: eine Brücke bauen für Fußgänger und Fahrradfahrer, ohne den Kraftverkehr zu verprellen. Ein Akt der Versöhnung in Zeiten, in denen die Stadt, das Land, die Welt nicht nur in Sachen Mobilität zu zerreißen droht. Kann es ein schöneres Symbol geben, wenn es jetzt statt „Wir bleiben zu Hause" wieder heißt: „Wir gehen raus"? In das Zuhause Stadt, welches mindestens so gelitten hat wie viele Familien. Die Planung und baldige Umsetzung sollte beginnen. Am besten auf einer Bank im Köllnischen Park. Den Vorsitz haben die Vögel.

Stadt der Erinnerungen

Die Fahrt mit dem Bus der Linie 100 hat nichts an Reiz eingebüßt. Mein Ziel ist der Nollendorfplatz, ich werde einen weiteren Bus nehmen müssen, den 106er. Das Buch lasse ich in der Tasche, zu viel habe ich damit zu tun, die Stadt mit Blicken zu streicheln. Ihr das stumpf gewordene Haar zu zausen. Ihr zuzuflüstern: „Nichts geht verloren. Du bist trotzdem schön." Die Plätze ganz vorne sind frei. Als die Kinder noch klein waren, sind wir mit ihnen vom Hermannplatz zum Ku'damm gefahren, „ganz vorne oben!", und haben ihnen das als Ausflug verkauft.

Der Bus schaukelt unbeirrt von dem veränderten Stadtbild seinen Weg. Das Leben hat sich weitgehend vom Bürgersteig auf die Straße verlagert. Dicht an dicht stehen die Autos an den Ampeln, während die Meisen auf dem Trottoir Paraden tanzen könnten. Ihr Publikum sind die Häuser, Schulter an Schulter stehen sie und kennen keine Abstandsregeln. Sie wirken sehr entspannt. Viele der Gebäude haben Kriege überlebt, andere Seuchen, den Zusammenbruch politischer Systeme. Für sie ist diese Zeit nichts als eine weitere Episode. Wie klein mein Leben dagegen ist. Wie mager.

Andererseits: Ich trage Koffer voller Erinnerungen mit mir herum. Einige hole ich jetzt heraus und setze sie wie Spielfiguren in die Umgebung. Andere haben feste Plätze, manche Kieze gleichen Rummelplätzen vergangener Momente. Sie ducken sich in Hauseingängen, fallen von Straßenbäumen und lungern in verlassenen Cafés herum. Als der Bus eine Bäckerei passiert, fällt mir ein Frühstück vor wenigen Tagen ein. Zum ersten Mal seit Anfang Dezember mussten beide Kinder zur Schule. Ich stolperte durch die Küche wie ein Gast im eigenen Haus. Die Routine war fort. Die Brotbox des kleinen Kindes lag fremd in der Hand wie Essstäbchen und die Auswahl an gesammelten Sandwichtüten für die Teenager-Brote überforderte mich. Als alles fertig war, ließ das kleine Kind mit einem Satz die Luft aus meiner Euphorie: „Es ist Donnerstag. Ich esse in meinem Zimmer." Tränen glitzerten in seinen Augen. Der erneute Strukturwandel überforderte es komplett. Mit dem Versprechen, es könne morgen am Schreibtisch frühstücken, kehrte Frieden ein.

Nollendorfplatz. Die Imbisse öffnen ihre Fenster, Dönerspieße werden ausgewickelt, Salat getürmt, die allgemeine Geschäftigkeit steht in einem schrägen Kontrast zur Verlorenheit der wenigen Passanten. Der Senat sollte dazu aufrufen, dass alle Bürger ein paar Erinnerungen spenden, sie in die Verkehrsinseln und Grünstreifen pflanzen, auf dass eine Zukunft voller Lebendigkeit daraus wachsen möge. Vielleicht muss man die Stadt gerade als Beet im Winter begreifen, als den längsten seit 1945.

Winterfeldtplatz. Die „Begegnungszone" zankt sich mit den Distanz-Markierungen. Wann diese Wörter selbstverständlich geworden sind, daran kann ich mich nicht erinnern. Den Frühstücksmoment stelle ich nach meiner Rückkehr in einer hoffnungsgrünen Vase auf den Wohnzimmertisch.

Zeit fürs Naheliegende

Zerrissen. Immer wieder. Aussteigen oder nicht? Am Alex. Der mir mit seiner rührenden Hässlichkeit, seiner entwaffnenden Lebendigkeit immer mehr am Herzen lag als jede Prachtstätte der Stadt. Liegt. Die Vergangenheitsform gehört eingemottet wie viele Wörter. Und doch: Ich fremdele. Mit den wenigen Menschen, an einem sonnigen Samstag im Mai. Damit, dass niemand küsst und einander in die Arme fällt. Und niemand fotografiert, sieht man von den Selfies der Jugendlichen ab. Aber die tun das ja immer und derzeit vermutlich noch mehr. Bilder verschicken statt sich treffen. Ansonsten: Menschen, die Sachen erledigen. Die Mischung fehlt. Die Urbanität. Ich könnte auch in Bielefeld sein oder in Memmingen. Stünde da nicht der Fernsehturm und blickte herab, unbeirrbar. Stünde da nicht die Weltzeituhr, die mich daran erinnert, dass der Globus noch ganz ist und wunderschön trotz seiner Verletzungen.

Ich kenne das alles jetzt schon so lange und war doch nicht vorbereitet auf das, was mich im Kaufhof erwartet hatte irgendwann in diesem Frühjahr. Spontan wollte ich eine richtig gute Flasche Wein kaufen. Etwas Süßes dazu. Und sah halbleere Regale. Werden jetzt Delikatessen gehamstert?, so ging es mir durch den Kopf, Terrine, Pralinen und französischer Käse? Ein wirklich hübscher Gedanke. Dann fiel mir ein, dass das Kaufhaus umgebaut wird. Die Antwort der erschöpften Kassiererin auf meine Nachfrage bestätigte meine Vermutung: Im Gegensatz zum Rest des Hauses, der während der Renovierung geöffnet bleibt, schließt die Lebensmittelabteilung für drei bis vier Jahre. Alles geht seinen Gang. Schreck und Vergnügen legten sich einträchtig nieder.

Wie schnell man alarmiert ist. Alle Sinne sind getrimmt, jedes Härchen auf dem Arm eine Antenne. Kürzlich fuhr ich um ein Uhr nachts aus dem Schlaf und das Licht im Flur brannte. Der Teenager war nicht da. Herzschlagverdoppelung. Er wollte doch früh zu Bett gehen. Hatte keine Pläne mehr für den Abend und die Nacht. Mein eigener gestörter Schlaf hätte mich darauf bringen können, dass auch er ab und zu ruhelos ist. Und dann eben laufen geht, statt zu lesen.

Es wird Zeit, mal wieder das Naheliegende zu denken und zu fühlen. Und eben auch am Alex einfach auszusteigen. Immerhin ein Mensch mehr. Ein Foto vom Fernsehturm zu machen. Und sich zu erfreuen an der Tatsache, dass Menschen ihren Erledigungen nachgehen. Und war da nicht sogar ein küssendes Paar? Bestimmt.

Grüne Bananen

Die Hände des alten Mannes zittern so stark, dass alle Münzen auf die gläserne Theke kollern. Fünf Euro kosten seine Backwaren. Der Bäcker, ein freundlicher Lulatsch, sucht mit ruhiger Hand den passenden Betrag zusammen. Der Herr indes wird unruhig, denkt, ich hätte es eilig. „Ich habe Zeit", sage ich begütigend, und der Bäcker wiederholt: „Hören Sie? Sie hat Zeit." Und fügt hinzu, an uns beide gewandt: „Wir sind ja hier auch auf dem Wochenmarkt. Und nicht bei Aldi." Spricht's und dreht sich einmal um die Achse. Seine Vitalität ist ansteckend und seine Güte auch. Der Greis nickt mit wackelndem Kopf und glaubt ihm.

Als ich mich beim Crêpes-Stand anstelle, habe ich statt eines Brotes Schillerlocken in der Tüte. Totalverwöhnung in schwerer Zeit, so lautet die tägliche Devise. Also ein Dessert am Mittag. Der Crêpes-Verkäufer ist untröstlich, weil er keinen herzhaften Teig hergestellt hat. Ich kann ihn mit großmütigen Essern beruhigen und gehe derweil Oliven kaufen. Bei den Mediterranen darf ich sogar was probieren. Spontane Gesten aus einem anderen Leben. Sie künden von der Rückkehr des Wertvollen und lassen mein Herz einen etwas hölzernen Samba tanzen. Plötzlich ist es ein paar Grad wärmer. Noch wärmer.

Der Markt auf dem Antonplatz ist gewachsen in den letzten Monaten und mit ihm die Obst- und Gemüseberge. Als ich die Bananen sehe, weht mich durchs Quarkbällchengewaber eine kleine Traurigkeit an. Ich denke an den letzten März, an meine Mutter und ihre Traurigkeit, die sich wie ein Ölfleck in der Wohnung ausbreitete. Ich brachte ihr jeden Tag etwas mit von meinen Gängen, ein Stück Kuchen, Blumen, etwas Herzhaftes oder eben grüne Bananen. Damit sie noch ein zwei Tage reifen können. Das wollte sie so. Sie hat sich immer gefreut, dennoch fühlte sich das Zittern ihrer Hände wie eine Fortsetzung des Weltzitterns an.

Ihr jetzt wieder wacheres Gesicht vor Augen, muss ich einen Klops herunterschlucken. Auch die anderen Menschen auf dem Platz wirken befreit, manche nahezu glücklich. Doch Augenschatten, Blässe und manch hohle Wange berichten von tiefen Tälern, von Verlust und vielen Monaten Leben in Furcht und Einsamkeit. Der Abstand, den alle halten, hat nichts Distanziertes oder gar Feindseliges. Fürsorge steht Pate, eine neue Verbundenheit, die auch ich spüre. Wir sind da alle durchgegangen. Jetzt streckt sich der Frühling und wir uns mit ihm in einer einzigen großen Bewegung. Und einen

Meter unter uns machen die Kleinen sie mit. Wir turnen. Turnen einer schüchternen Leichtigkeit entgegen.

Damit die Kinder nicht nur Zucker bekommen, kaufe ich doch noch Obst. Tütenweise Dankbarkeit. Und etwas zum Mitbringen. Die Bananen müssen immer noch grün sein, aber die Hände meiner Mutter sind jetzt ganz ruhig.

Bevor es zu spät ist

Man hat derzeit nicht viele Möglichkeiten, dem Schweigen Fremder zu lauschen. Nur manchmal, in der Straßenbahn etwa, begegne ich ihm, zeitgemäß maskiert und seit Neuestem uniformiert. Doch auch hinter dem immer gleichen perforierten Papier ist der Unterschied zwischen Einvernehmen und Entfremdung deutlich zu hören. Es summt, sie klirrt.

Von Wilhelm Raabe stammt der Satz: „Was Ihr Euch Liebes noch in der Welt sagen und tun könnt, das sagt und tut rasch. Morgen ist es vielleicht schon zu spät dazu." Ich habe ihn aus einem Kalender von 2020. Raabe gehörte das letzte Blatt, ich habe es aufbewahrt. Ein guter Ort. Manch einer mag düstere Vorahnungen hineinlesen. Ich lese nur große Weisheit und eine zeitlose, liebevolle Mahnung.

Als mein Vater starb, hatte zwischen uns seit langer Zeit Schweigen geherrscht. In pubertärer Rebellion hielt ich es weder für nötig, ihm meine Welt zu erklären, noch in seine auch nur einen Blick zu werfen. Wie der Krebs in seinem Körper bereits gewütet hatte, wusste ich nicht. Ebenso wenig von der Hölle seiner Schmerzen – und dem Weh ganz anderer Art, das sich in meinem Innern ausgebreitet hatte. Wäre mir all dies klar gewesen, hätte das „Später" keinen Boden gehabt, auf dem es zu einem „Nie mehr" hätte wachsen können.

Wie lieb mein Vater mich hatte, erfuhr ich einige Monate nach meinem einzigen Besuch in der Klinik. Dort wäre Schweigen ehrlicher gewesen, denn was wir sprachen, verhöhnte alle Gründe, aus denen dem Menschen Sprache gegeben wurde. Die abstürzenden, kaum lesbaren Worte auf dem Brief zu meinem 18. Geburtstag habe ich viele Jahre als gerechte Strafe für mein hilfloses Geplauder empfunden. Er hat sterbend und mit zitternden Fingern noch versucht, seine Empfindungen aufzuschreiben. Ich habe meinen nicht einmal zugehört.

Ich bin sicher, dass mein Vater wusste, was er mir bedeutet hat und wie himmelschreiend verwirrt 17-Jährige sind. Dennoch kann ich bis heute kein Kind im Streit aus dem Haus gehen lassen. Kann nicht einschlafen, wenn Groll im Flur hängt. Und lasse keine Gelegenheit aus, Menschen zu sagen, dass ich sie liebe. Raabes Worte sind, ohne dass ich sie kannte, seit fast drei Jahrzehnten ein Lebensmotto.

Ich denke an sie nicht nur in der Bahn, wenn ich neben einer fremden Wortlosigkeit friere. Sondern auch neulich beim Bäcker. Lauter als früher auch das Schweigen der Abwesenden. Die Verkäuferin äußert sich besorgt über einen Kunden, der seit Tagen nicht aufgetaucht sei. „Hoffentlich ist er nicht krank", sagt die Kundin leise. Ihre Besorgnis klingt ehrlich. Krank. Das Wort hat einen neuen Ton. Er gehört den Moll-Tonarten an. Und der vermisste Herr hat, sollte ihm etwas zugestoßen sein, hoffentlich noch ein ehrliches „Ich liebe dich" gehört.

Überall so viel Platz

Mit wem man gerne mal ein Bier trinken gehen würde lautet eine beliebte Frage, wenn man das Gegenüber besser kennenlernen will. Die Entscheidung fällt schwer, blättert man durch Bücher, die sich mit all den Großen und Verkannten beschäftigen, die zu Berlins Glanz beitrugen und es noch tun. Die Literaten und anderen Künstlerinnen in dem feinsinnigen Band *Berlin – Was nicht im Baedeker steht* sind zwar nicht mehr unter uns, doch das kostet die Fantasie nur ein herzhaftes Gähnen. Ihre Worte und Werke haben sie unsterblich gemacht, das weiß jedes Kind. Also nehmen wir diese Binse auch wörtlich.

Die Stadt kann ein paar Leute mehr in den Straßen gerade gut gebrauchen, erst recht, da jetzt die Lokale wieder langsam öffnen. Jeder Gast zählt. „Wir brauchen Mann und Maus", sagte eine Verkäuferin, als sie mich trotz fehlenden Tests das Geschäft betreten ließ. Der verstaubte Satz trippelte im Laden hinter mir her und begleitete mich bis nach Hause. Auf seinem Rücken trug er die Frage: „Wo sind denn alle hin?" Besonders das Fehlen der Touristen hat ihn bekümmert.

Und ja, sie fehlen. Ihr Überschwang, ihre Neugier. Ihre Aufregung über alles, was ich viel zu häufig mit der Gleichgültigkeit der hier Lebenden nehme. Die fremden Sprachen, die neuen Wörter, welche die Atmosphäre mit Welt füllen. Mit Farbe, Farbe! Die Abfälligkeit, mit der früher viele über die Besucher aus anderen Ländern und Städten gesprochen haben, war mir immer schon zuwider. Wie eng müssen der Blick, das Herz sein, dass man sich über Rollkoffer und Orientierungslosigkeit mokiert. Welch ein Geiz spricht aus der Annahme, an der Haltestelle sei nur Platz für Berliner. Berliner, die so viel von ihrer Weltläufigkeit halten. Doch die zeigt sich nicht darin, ein Bier auf Englisch zu bestellen. Sondern darin, eine auf Kroatisch gestellte Frage in welcher Sprache auch immer zu beantworten. Oder eine, die mit bayerischem Akzent gestellt wird.

Denn bald wird der Umgang mit Gästen wieder Akzente setzen. Der kleine Teil der Welt, der sich das Unterwegssein leisten kann, rutscht auf dem Stuhl hin und her und studiert Landkarten und Reiseportale. Der Sommer breitet bereits seine Arme aus und an seiner Brust ist Platz für viele. Man muss also gar nicht auf die Prominenz zurückgreifen in der Frage, mit wem man gerne mal ein Bier trinken gehen würde. Interessante Gegenüber gibt es genügend und freie Stühle sicher auch.

Eckenkind und Flatterband

Auch für Geräusche gilt: Erst ihr Fehlen ruft in Erinnerung, wie wohltuend sie waren. Die Stille des Schulhofes klingt krank. Früher füllten Stimmen und knallende Bälle das Areal. Nun sieht es mich an wie ein Patient, den man bat, seine Stimme zu schonen. Vorwurfsvoll. Im Hintergrund höre ich das Feixen der Geschichte.

Natürlich werden gleich Kinder aus den Türen treten, kleine Gruppen, die Abstand halten sollen und das nicht können. Sie haben winzige Magnete unter der Haut, die sie unaufhörlich in Richtung der anderen ziehen. Daran können auch die Flatterbänder nichts ändern, die das Gelände wie einen Tatort aussehen lassen. Vor meinem inneren Auge sehe ich eine Kreidefigur auf dem Asphalt. Sie zeigt die Umrisse der Leichtigkeit. Zeugen der Anklage sind die Vereinsamung und abgemagerte Freundschaften. Sie erzählen von Kindern, die die Hofpausen alleine verbringen. Als ich mit meinem großen Sohn einmal über Einzelgänger sprach, fiel das Wort „Eckenkind". Ein Wort wie eine Träne, wie ein suchender Blick. Ein Wort aus Flatterband.

Was haben wir gestritten und gelitten, um unsere Kinder von den Bildschirmen fernzuhalten. Haben Bücher gekauft, Hörspiele und schöne Hefte. Was haben wir gepredigt und gesäuselt, wie wichtig die tägliche Nase frische Luft ist. Und haben sie ohne Murren zu Verabredungen gefahren. Auf dass sie soziale Wesen werden. Füreinander da sind. Streiten lernen und sich versöhnen. Am Mittwoch beginnt eine Art Normalität. Für zwei Wochen. Das ist gut, aber nichts ist zurzeit normal an zwei Wochen Alltag.

Wenn die Gespensterhaftigkeit der vergangenen 15 Monate mich schaudern lässt, denke ich an die Fotos, die ich aus dem Nachkriegsberlin kenne. Diese zerkratzte, blutende Stadt. An die Menschen ohne Heim und die Kinder ohne Lehrer. Doch was ich auch sehe: Es ist eine Stadt mit Menschen darin. Und Kindern. Spielenden Kindern, arbeitenden Kindern und sich prügelnden Kindern. Eine Stadt ohne Kinder ist keine Stadt. Sie ist eine Kulisse. Oder, um bei den Motiven der Zeit zu bleiben: eine maskierte Stadt. Eine Stadt, die so tut, als wäre sie keine. Eine Stadt, die sich verleugnet.

Auch als eine solche Zeit werden diese Tage in die Annalen eingehen. Plötzlich sollten die Kinder lauter Dinge tun, von denen wir sie früher abgehalten hatten. Und ihre kleinen Gespenstergesichter sagten uns täglich, dass wir richtig gehandelt hatten.

Eiswürfel im Mund

Restaurant. Lokal. Pizzeria. Kneipe. Café. Trattoria. Imbiss. Bar. Brasserie. Gaststätte. Der Magen vergisst das Knurren, wenn er diese Begriffe hört. Speisekarten entblättern sich und man meint das leise „Pluck" des Korkens zu hören. Lese ich hingegen das Wort „Außengastronomie", brauche ich zuerst einen Kaffee, um nicht einzuschlafen, dann einen Eimer Wasser, weil das Wort so trocken ist, und dann einen Whiskey. Ohne Eis. Für Frost sorgt der Klang. Geschirr spülen muss man bestimmt auch nicht in der „Außengastronomie". Da wird nichts schmutzig. Keimfreies Speisen, so lautet das Gebot.

Wir haben unsere Sprache desinfiziert. Entsinnlicht. Früher war „Außengastronomie" ein Wort für Behördenschreiben. Es sieht aus wie ein grauer Umschlag. Nur ohne Fenster. Undurchschaubar wie das Gesetzbuch, in dem es auch vorkommt. Neuerdings gibt es auch Paragrafen für Kontakte. Zu denen haben wir unsere Freunde und Familien gemacht, sprachlich gesehen. Aus meinem Zuhause ist ein „Haushalt" geworden. Keiner, den ich zu pflegen und zu führen habe. Sondern einer, der gezählt wird. Registriert. Noch lange werden Kinder nicht einfach zur Schule gehen, sondern „Präsenzunterricht" erhalten. Diese Sprache blitzt wie das Untersuchungsbesteck einer HNO-Ärztin und genauso furchteinflößend ist ihr Glanz. Sie macht frösteln, siehe oben. Klappert gegen die Zähne wie Eiswürfel.

Vielleicht sollten wir als nächstes die Sprache immunisieren, ihr einen Schutzmantel umhängen, damit wir bald nicht nur noch in kalten Begriffen sprechen. Die Unworte der Jahre 2020 und 2021 kommen geschlossen ganz harmlos daher, sind jedoch, ohne eigenes Verschulden, gefährliche Täter. Wegen ihrer alltäglichen Maskierung (sic!) und weil sie die ursprüngliche Bedeutung auf dem Gewissen haben. Ihre eigene. Beihilfe zum Suizid? Nein. Nicht die Wörter haben stumm zugesehen, sondern wir. Unaufhörlich aufsaugend und plappernd. Wie für so vieles wäre diese Zeit eine Chance gewesen, eine neue Sprache zu erfinden. Eine neue Sprache für eine neue vorübergehende Zeit. Nicht nur ein paar Begriffe, auch noch geliehen von anderen Ländern. Eine komplette Sprache, die man archivieren kann, wenn man sie nicht mehr braucht. Eine Sprache für das Museum, für die Archive und Gruselkabinette. Für die Waffenkammern. Oder für die neue Welle. Ach, Wellen. Noch so ein Opfer, ein besonders trauriges. Zu beklagen am Tresen einer Strandbar, die womöglich einsam genug lag, um verschont zu bleiben.

Immerzu hellwach

Wenn es nur die Oleanderbüsche wären. An manchen Tagen muss ich sie stündlich wieder aufrichten. Das Verkeilen zwischen Stühlen bringt nichts. Irgendeine Böe findet immer einen Weg. Wie die Vögel, die neue Flugbahnen ausprobieren. Oft tief und ganz nah am Haus pesen sie über die Terrasse. Fast jeden Tag dollert auch einer gegen die Scheibe. Meistens trifft es die Kleinen, Spatzen und Meisen. Begraben musste ich noch keinen, aber das „Klonk" tut körperlich weh. Was ist nur los mit ihnen? Alles ist, alle sind durcheinander, so scheint es. Ungestüm. Aus dem Lot.

„Ich glaube nicht, dass dieser Sommer anders ist", sagt eine Freundin, der ich von meinen Beobachtungen erzähle. „Du hast dich verändert. Du nimmst nach dem langen Rückzug alles intensiver wahr. Das Wetter, die Natur, deine Mitmenschen. Ich wette, du hast auch früher Oleanderbäume wieder aufgerichtet nach einem Gewitter oder an windigen Tagen." Ich denke nach. Über den Duft der Straße nach dem Regen, der noch nie so sehr den ganzen Kopf ausfüllte. Über die Liebe, die mehr denn je die Brust ganz weit und eng zugleich macht, wenn eine nahe Person etwas Lustiges sagt. Und über Erinnerungen, die neuerdings flattern wie die verrückten Vögel, statt wie einst spazieren zu gehen.

Ein Tag im Juli vor vielen Jahren fliegt vorbei. Die Stadt glich einem Pizzaofen, nur war es in ihr gleißend hell. Als ich das Kaufhaus betrat. Als ich es verließ, war es dunkel. Gewitterwehen kündeten vom Bevorstehenden, und ich hatte Angst, weil das Kind allein zu Hause war. Das sich damals fürchtete vor Blitz und Donner. Mit dem einsetzenden Regen fiel das Mobilfunknetz aus und irgendwie der ganze Himmel auf die Erde. Die Straßenbahnen standen, die Autos auch. Als ich zu Hause ankam, saß das Kind auf dem Sofa und war stolz, dass es daran gedacht hatte, die Wäsche hereinzuholen und die Pflanzentöpfe zu sichern. „Du bist ganz schön nass", sagte es. Das war ich. Und lachte mich auf die Knie vor Erleichterung.

Ein anderes sehr waches Kind traf ich an, als ich vor Kurzem von einer Feier kam. Trocken, und viel später, es war schon nach 23 Uhr. Völlig beseelt von einem Abend, an dem ich mit fremden Menschen Gespräche geführt hatte, die früher nur im engsten Freundeskreis stattfanden. Der Smalltalk und „Was machst du denn so beruflich?" war schnell abgehakt oder fand gar nicht statt. Viele warme Blicke ohne konkreten Anlass füllten den Raum zwischen einem freundlichen Himmel und den Speisen und Gläsern. Ich trug die Stunden wie ein lange gesuchtes Schmuckstück nach Hause. Die Oleanderbäume standen wie dösende Kühe auf der Terrasse. Trotz der Dunkelheit sah ich: Sie blühen farbiger als all die anderen Jahre. Oder habe ich ihre Pracht nicht wahrgenommen?

Zwei am Telefon

Ein Lokal in Kreuzberg. Das Tagesblau weicht schon dem scheueren des Abends. Am Nebentisch hat sich eine Frau niedergelassen und ein Bier bestellt. Sie guckt immerzu auf ihr Smartphone. Ich denke an einen Satz aus einem Buch: „Ein beobachtetes Handy klingelt nicht." Doch ihres vibrierte offenbar, denn sie hebt es an ihr Ohr. Zündet sich eine Zigarette an. Ein Leuchten spaziert über ihr Gesicht. Da ruft die Liebe an oder eines ihrer Geschwister.

Ich wende mich meinem Buch zu, weil die Liebe und auch ihre Brüder und Schwestern das Beobachtetwerden noch weniger mögen als ein Telefon. Trotzdem ist es schwer, nicht zuzuhören, denn die Frau spricht in der Deutlichkeit derer, die allein in einer Glaskugel mit sich und der anderen Person sind. Das Glas kann aus Verzauberung, Sehnsucht oder Kummer geblasen sein. In diesem Fall scheint alles darin zu stecken. Das Leuchten wich zunächst ernsten Worten, ein paar Lachern aus enger Kehle, und jetzt weint sie. Immer wieder höre ich „es geht nicht" und „wie soll das gehen?". Sie raucht unaufhörlich, bestellt wieder ein Bier und mein Herz schmeißt sich in der Brust hin und her wie ein eingesperrtes Tier. Ich kann genug hören, um zu wissen, dass hier zwei keinen Weg zusammen sehen. „Es gibt immer einen", will ich rufen und weiß, dass das nicht stimmt.

Manchmal lässt das Leben über zweien einen Sternschnuppenregen niedergehen, und in dem tanzen sie herum und vergessen alles, auch das Wünschen, und dann hört der Regen auf, wie jeder Regen irgendwann, und sie stehen da, frieren und alles ist falsch. Das Aneinanderfesthalten und das Auseinandergehen, das „Komm her" und „Geh weg", das Bleiben und das Weglaufen. Dann sitzen sie verloren vor Lokalen und rauchen und trinken zu viel und weinen und lachen und legen irgendwann ihre Telefone weg.

Am Nebentisch wird es still. Vorsichtig luge ich über mein Buch. Die Frau starrt ins Nichts. Dann schaut sie ihr Telefon an, als wolle sie sagen: „Was war das denn jetzt?" Die Zigarette verglimmt im Aschenbecher. Da kehrt das kleine Leuchten zurück, umrandet von verwischter Wimperntusche. Die Frau beginnt zu tippen. Ich finde mein Buch plötzlich langweilig. Denke über Alternativlosigkeit, versteckte Pfade und das unergründliche Wesen der Liebe nach. Als ich eine halbe Stunde später aufbreche, tippt die Frau immer noch. Und liest und tippt und liest. Vielleicht gibt es ja doch einen Weg. Am Morgen, im Tagesblau.

Dank

Ohne die Berlinerinnen und Berliner, die Besucher der Stadt und all jene Menschen, die nur eine Zeit lang hier sind, würde es dieses Buch nicht geben. Sie alle haben mir, wissentlich und unwissend, Geschichten und Worte geschenkt. Dafür möchte ich ihnen danken. Zu ihnen gehören auch unersetzliche Freundinnen und Freunde, tolle Kolleginnen und Kollegen und die wunderbaren Autorinnen der Lesebühne Des Esels Ohr. Seid umarmt für Kraft, Wärme und Unterstützung. Und dann sind da noch meine treuen Leserinnen und Leser, die immer wieder nachgefragt haben. Danke für den Satz „Wann wird es denn ein Buch mit den Kolumnen geben?" Hier ist es. Ein besonderer Dank gilt meiner fabelhaften und über alles geliebten Familie für Halt, Zeit und kluge Kindersätze, Kornelius Wilkens für die Covergestaltung und vieles mehr sowie Sophie Bentzien, Clara Zehrbach und André Förster, in deren Verlag diese Texte ein Zuhause gefunden haben.

Die Autorin

Barbara Weitzel, geboren 1975 in München, schrieb ihre erste Geschichte im Alter von sechs Jahren. Seitdem hat sie nicht mehr damit aufgehört. Nach dem Studium der Literaturwissenschaft, Politik und Geschichte in Düsseldorf und Berlin lernte sie das Handwerk des Journalismus bei der *Berliner Zeitung*, in der auch die Texte dieses Buches zuerst erschienen. Barbara Weitzel lebt und arbeitet in Berlin als freie Autorin und Redakteurin für verschiedene Zeitungen. Dort und in ihrem Blog schreibt sie am liebsten über Bücher und das Leben in der Stadt. www.laufendlesen.de